# 一午二紅沙 三鯧四馬鮫

台灣海產
的
↓
身世

曹銘宗◉著
林哲緯◉繪

貓頭鷹

# 各界好評

台灣史的公開研究、調查、書寫和傳播，和解嚴同步（一九八七），身為大報文化記者的曹銘宗躬逢其盛。他的書寫關心小人物（〈小人物萬歲〉、〈當代平埔的族群認同和文化復興〉、〈檳榔西施的文化觀察〉），日常生活語彙（《台灣歇後語》、《台灣廣告發燒語》），飲食文化（《台灣的飲食街道：基隆廟口文化》、《台灣飲食之美——基隆廟口》），開啟了自己的庶民歷史書寫，並成為這領域先驅。近年，他更加用心開展這獨特領域，以年表和新聞編版方式編寫了大眾和青年學子都可以津津閱讀的台灣通史（《台灣史新聞》），考證了台灣食物名稱（《蚵仔煎的身世：台灣食物名小考》）；這項工作，現在又深入海洋水產（《一午二紅沙，三鯧四馬鮫：台灣海產的身世》）。

始於二十世紀九十年代的台灣史大量書寫，至今僅三十餘年卻已汗牛充棟，因為涉及社會運動也就難免思想紛爭而多有爭議；在這樣的基礎上，我能欣賞也就可以讚美我這位同鄉老友單純俐落的歷史書寫，是在恢復庶民的主體性，將他們的生活經驗納入知識生產，以奠定可信的台灣史的建構。

——東年／前歷史月刊社長、台灣歷史文化生活影像再造協會理事長、小說家

我們在動物名稱上主要使用學名、中文名以及俗名等三種。學名是學術研究的標籤，它使用拉丁文來書寫，此名是全世界統一也全世界通用；類似學名的定位但侷限國內流通的則是中文名，可以想像成是國內流通的標準名稱；而俗名則是各地約定俗成，也是一般人最常使用也最普遍的稱呼，皆為台語發音。

台灣地方雖小，但族群多元也使得各地海產名稱多樣，有些是全台皆通，例如菜市場很常見的日本帶魚（學名：*Trichiurus japonicus*），在台灣從北到南從西到東都俗稱白帶魚絕不會弄混；而有些魚種是跨過幾個鄉鎮縣市就有不同，例如小甘鰺（學名：*Seriolina nigrofasciata*）在北部俗稱火燒鮘或石鮘，在宜蘭俗稱虎頭鮘，在澎湖叫軟串，到了台南高雄卻叫拉崙，而拉崙在台灣其他地方則是雙帶鰺（學名：*Elagatis bipinnulata*）的俗名，真的是剪不斷理還亂啊，此時若僅耳聞卻未見實魚時恐怕是會雞同鴨講呢。

記得是在二〇一八年四月時討論鰹魚名稱的文章裡初次與曹老師在文字上有所往來而開啟這段緣分，由於敝人從事水產買賣，藉由工作之便有許多資訊可以分享，而老師對晚輩相當包容照顧，對晚輩所提及諸多意見想法也會予以研究和參考。

俗名多有其典故，只是這些事物比較缺乏系統性的研究與較深入的探索，實際彙整也不容易。本書中曹老師把我們周遭常見的海產名稱典故等等做了完善的整理，內容編寫除參考如「日臺大辭典」、「台文中文辭典」等語文書籍，也有中研院架設的專業網站《臺灣魚類資料庫》，還前往魚市場進行實際「田野調查」，曹老師也常與各領域專家討論交換意見等等，內容紮實而深入淺出，可說是一本魚類文學的指南。

台灣四面環海，海鮮好吃是人人皆知，只是大夥在享用海產美食之際，若可以對我們盤中的魚蝦蟹貝多一分了解，或許也能多一分珍惜，這對海洋資源枯竭的現代多少是有益的，相信本書充滿知性而豐富的內容能夠帶來大家對海洋的重視。

——劉祖源／海釣達人、滿源魚舖店主

據不完全統計，台灣二千三百萬人口，一年出書四萬冊，日本一億三千萬人口，一年出書八萬冊，只是台灣兩倍而已。可見，台灣已然成為出版華文重鎮。

一九四二年，日本渋沢敬三氏成立日本常民文化研究所，出版《日本魚名集覽第一～三部》，收集日本各地方對魚類稱呼的方言。調查自然科學者對魚類名稱的說法，而用文化人類學及方言學的觀點書寫。一九八一年日本出版《日本產魚名大辭典》。書中彙編了日本產的魚類三〇一七種及二十五種未確定的魚名。將這些魚類的學名、標準日名、俗名、外國名、地方名、成長名、依據出處文獻等羅列各種魚類的名稱。

一九五四年，台灣光復後，首任台灣省博物館館長陳兼善編撰《臺灣魚類中、英、日、名對照表》，二〇〇三年，教育部公告有「魚類名詞」，二〇一二年水產出版發行了《拉漢世界魚類系統名典》，收錄世界三萬一千七百零七種魚名及七百九十二種同種異名的魚名。

社會科學者對魚類的研究，不同於自然科學者對魚類實驗研究。作者科班出身，歷史與傳媒專業，是台灣重要文史作家，著作等身。他透過語言、文化上的考證，走訪漁村，考察調研台灣海鮮名稱，作者「搜尋漁夫都不知道的魚名由來」，整理豐富的各種各樣魚（廣義的魚，含水生生物）的名稱來自哪裡？以及海鮮名稱的多元族繁、繽紛燦爛，值得推薦！

——賴春福／水產出版社、臺灣水產電子報社長

## 嘗鮮推薦

◎王浩一／美食作家、公視「浩克慢遊」節目主持人

◎林富士／中央研究院史語所特聘研究員兼中央研究院數位文化中心召集人

◎焦桐／飲食文化專家

◎鄭順聰／作家

＊特別感謝賴景陽老師協助確認第五章貝類部分內容。

# 目次

## 第 4 章 難以分辨的軟體動物——頭足綱



## 第 5 章 外剛內柔，殼大味美——貝類



## 第 6 章 盔甲不離身——甲殼綱十足目

## 第9章 海中巨獸



## 第10章 海洋田徑隊



## 第11章 一午二紅沙三鯧四馬鮫五鯢……好吃比一比

【推薦文】

# 一本魚名典故的精采科普讀物

邵廣昭／中央研究院生物多樣性研究中心前執行長、臺灣魚類資料庫負責人

上個月初接到作者銘宗兄的來信，邀請我為他這本新書《一午二紅沙，三鯧四馬鮫：台灣海產的身世》寫序，倍感榮幸。沒想到我在二十五年前開始建置的《臺灣魚類資料庫》，迄今還能夠發光發熱，每個月平均仍有五十萬人次的點閱率，成為許多朋友在科普、教學、研究、文創及繪畫工作上重要的靈感和資訊的來源。資料庫除了在魚類的拉丁學名及中文名稱的統一上發揮了重要的功能外，如今再被銘宗兄用來編撰出這一本魚名典故的精采著作，真是令人振奮。個人在此除了要藉機感謝從二〇〇〇年起支持我建置資料庫的中央研究院、科技部及林務局等單位外，更要謝謝中研院數位文化中心，在我二〇一六年退休之後，能夠繼續協助《臺灣魚類資料庫》的維運，讓資料庫能夠繼續對外開放及服務。

這本探討魚名來由的著作，雖然考證的是魚類的「俗名」而非「學名」，但是作者的努力，

絕不亞於一位分類學家在發表分類報告時對學名考證所付出的心血。他除了查閱過甚多的歷史文獻，還親自深入民間訪談許多業者和漁民，並上網公開徵求網友們的高見，最後再把這些成果完整地彙編成書出版，以饗讀者。因此這本書不單是一本值得大家一讀的科普讀物，也算是一本高水準的研究論文。不論是在學校修習魚類學課程的學生，幫忙推動海洋保育教育的志工或是講師，對魚類有興趣的一般社會大眾，或是和魚類有關的從業人員都應買來參考。因為讀完此書會讓您學到許多過去所不知道的一些典故和知識。譬如翻車魚為何叫曼波魚？鬼頭刀為何叫鱰魚？圓鰺為何叫四破等等。

台灣的海洋文化過去常被譏諷為只有海鮮文化，也就是只知道享受海鮮美味，卻不知道什麼才是海洋文化，也不關心漁業資源是否可以永續的問題。因此建議大家來閱讀本書，從了解魚的名稱開始，書中除了漁民的考證之外，也對許多海味目前資源枯竭和保育的現況做了扼要的介紹，這就是我們所需要去了解的海洋文化。

要完成這本跨不同領域著作的編撰，作者還得要具備深厚的文學和史學的素養，對海洋生物和生態能做跨領域的認識，並精通台語及日語，才能融會貫通完成此書。作者正是這方面的專家，他本身是一位知名的作家、文化記者及台灣文史研究者，曾任報社的記者及主編，也擅長台灣地名及食物名的考證研究，出版過幾本暢銷的著作，因此文筆流暢自不在話下。再加上貓頭鷹出版社用心地編輯此書，並邀請生態插畫家來畫精采的插圖，更增加了這本書的可讀性及收藏的價值。因此在這裡要向讀者們大力推薦本書，讓台灣不只是享有海鮮王國的美譽，也能夠真正成為一個懂得海洋文化的海洋國家。

邵廣昭　謹識

二〇一八年十一月十五日

【推薦文】

# 魚籠潛躍水成紋

翁佳音／中央研究院台灣史研究所副研究員

我在臉書暱稱為「雞籠曹善人」的銘宗兄又有新作了，書名《一午二紅沙，三鯧四馬鮫：台灣海產的身世》，果然三花聚頂，內容涉及學術界的「海洋史」與「名源學」熱區。這回卻是我自己雞婆，硬要出版社讓我插一腳陪走一段路。

幹嘛？無非是溷跡學界的我，如今依然無法交出所謂「海洋史」通俗作品供繳稅國民參考，總是有些歉意。而我所知的一般性台灣史書物，海洋菜單似乎有點偏食、單調又強碰（ちゃんぽん）。雖處新時代，大多換湯不換藥，依舊繞在國族傳統敘述或政治轉型的迎拒，不然便是追隨時髦如全球化等學術理論。最近二、三十年，豈止台灣，連中國也熱中海洋史議題，他們在一帶之外，還硬要一路到底。國內講大航海時代，多不離葡萄牙、西班牙王室與荷蘭商業東印度公司。主音調在彈奏荷蘭人的「大員」治理與福爾摩沙經營，跳針講原住民的文明化、番仔契新港文書的誕生等等。

若有講究台灣主體性的，似乎又一直重彈鄭芝龍、鄭成功父子的海洋史老調。海上之神，則媽祖神光，掩蓋了同樣慈航普度、救苦救難的觀音佛祖與水仙尊王。以閩南語系居多數的台灣人，卻要硬記語源是省城福州方言的怪詞「大員」；跟著外國學者學舌複誦大航海時代亞洲港市，竟如大目新娘看不到自己古都台南的後續發展。在歌頌漢民族英雄、海上男兒鄭成功之同時，又認可天妃幫韃靼大清中國擊潰鄭氏政權，媽祖也因助朝廷侵略之功而晉升天后。台灣海洋歷史的敘述，多少有學術界迄今未面對與反省的強碰元素。

前言囉唆一大堆，重點在指出目前應該沒有更理想「科普」性質之台灣海洋史概說，至少就溪海漁業史方面而言。所以，我通常會要求研究所學生省下看現代學術論文時間，而專注閱讀古典漢語文獻，以及歐洲文獻的譯注，接著就到外面多吃多喝多看。多看，看海岸，看海濱地名，想想以前閩南漳潮泉語系族群命名「大灣」或「台灣」的原因，以及思考「蟯港」、「蚵仔港」及「台仔挖」等地名，與漁民海濱撈捕蛤魚之類以成聚落的關聯；「魍港」、「蚊港」以及「苓仔寮」、「罟仔寮」，正反映了該地沿岸水面曾有定置網漁業的景色。

多吃，我從不諱言「海鮮文化」也是海洋文化的重要一環。我年輕時曾為文嘲笑某機關審查方志魚類篇，竟出現「全篇採用歐美學名分類，未言哪些魚可吃」令人噴飯之句。年歲稍長，不得不承認「民以食為天」的歷史事實，科學分類有必要，但現實生活「食用」亦有必要。十七世紀時，香料、陶瓷、絲綢是海上交易的重要項目，但此時前後也在大西洋與太平洋興起捕鯨熱潮，鯨魚油是不結凍的滑潤劑，也是夜間照明的燈油，荷蘭時代台灣已經在用鯨魚油（traen）。人類因捕鯨，海中需有補給、製油之處，與上述的商業貨船構成了全球海洋往來網絡。我更想起以前讀過日本學者鶴見良行的《ナマコの眼》，他從日本人愛吃的海參探索起，進而串連出海域族群往來大歷史。可見講吃，無需覺得丟臉，反而是海洋史很重要一面。

我在靠近淺山的彰化二水長大，因此小時所知的魚名，很少，也不熟悉魚類養殖。但我發現荷蘭文獻中有不少跟魚類有關的資料，烏魚與烏魚子日本學者早已研究到相當程度，不易超越。我勉強只能考證出荷蘭時代有魚塭（Oenij）漁業，發現當時已盛行魚翅（Hayevinnen，Haeyen）的捕殺與買賣，以及首度確證國王魚（Koningvis），就是土魠魚。然而對魚名的陌生，我不得不常請教台南與基隆的好友，銘宗兄是其中一位，而且是非常特別的一位。

說他特別，是他懂得吃魚，還會做魚料理，不是純理論派的。他大學歷史系畢業後，又去美國拿了新聞碩士回來，而任職聯合報到退休。他在報社寫新聞，主題大部分跟台灣歷史有關，得過多次新聞獎項。所以由他來撰寫讀者易懂的通俗海洋史類書物，原本就很恰當。但更重要的，是曹兄與我對名源學或詞源學（Etymology）有共同的興趣。我們對事物名稱的來源抱有濃烈的探究念頭，我們儘量不走沿襲舊說的途徑，所採取的，是可再驗證的析論與解釋。讀者可從我們曾合著的《大灣大員福爾摩沙》一書，看到我們所做的嘗試與努力。我與他邊談魚、邊吃魚，沒想到在不長的時間裡，他已完成這一本書。

這本書，是他再度運用詞源學的概念與方法，繼續追究台灣常見魚種之俗名，解釋名稱何以產生，以及修正目前學界或民間的人云亦云解釋。他所運用的方法與步驟，在書中寫得很詳細，我就不再多介紹。但我要強調的是，本書講俗名都會用教育部頒行的羅馬字標音，這點很重要。不少人總是以為看漢字就可發音，這是很不正確的觀念！譬如，我曾考問博碩士班的學生：鯖魚俗名「花飛」，如何唸？十之八九都回答 Hue-pue，不知正確音為 Hue-hui！詞源學相當注重聽音辨義，銘宗兄對這個原則了然於胸，因而能對「花飛」有異於一般望文生義的新而合理解釋。

我要強調的第二點，是本書走俗名分析，就一定會跟台灣周圍其他國家或地區的同類魚種，進行名稱異同的比較，或尋求變異原因。這道手續與結果，其實會間接反映出各地人民在歷史長河撈捕海中魚貝時，進行海洋史上的族群交流或交易，這不正是海洋史的重要一部分？因此，如果要向學生介紹易懂的海洋史通俗書物，我是不吝與不避嫌要推介這本的。作者編者與我之間曾戲言，若以廣告推薦用語來說，邵廣昭教授認證這本書是魚類書的「科普」之作，我則為此書是海洋史的「史普」做擔保人。

最後，提一提我的感想。我閱讀此書探討俗名與魚的一些典故時，多少也受到感染，除更留心文獻上的魚汛外，難免會模仿作者用本土庶民或庶番的方式談魚。前幾天在翻譯荷語文獻時，見有提到花蓮立霧溪口的原住民送「腐爛的沙丁魚（verrotte sardeyn）」給來訪的荷蘭人吃，我把他翻成俗名「魚鮭」（hî-kê），聞起來就比較有本土且不難吃的味道了。另外一例，是鱔魚。很久以前曾讀十九世紀末的《閩產錄異》，其中講到台灣武舉人楊邦瑞與他妹妹，因為吃了好大好大的鱔魚，導致「筋骨驟長」，「高幾八尺」。哇，身高約兩百一、二十公分，可是巨人啊。楊邦瑞是如假包換真實人物，研判應是高雄燕巢那邊的人。南部人愛吃鱔魚，原來應有些歷史，踵事增華，無妨。

所以呢，建議讀者用心體會本書所研發出來的方法與解釋，則眼前溪海水面波紋，會導引你著迷於海洋史裡之魚龍潛躍，以及人魚之間的密切關係。

【自序】

# 搜尋漁夫也不知道的魚名由來

《一午二紅沙，三鯧四馬鮫：台灣海產的身世》一書，延續了我近年來探索台灣地名、食物名由來的成果。這是我關注台灣庶民文化的歷史書寫——從日常生活窺見鮮活的故事。

台灣是海洋生物多樣性之島，擁有豐富的海產。然而，很多海產的名字，尤其是台語的俗名，我們可能耳熟能詳，卻不知命名由來。

每一個海洋物種，都有被發現、登錄的「學名」（Scientific name），使用國際通用的拉丁文，作為物種的鑑定，此外還有各國官方語言的統稱，以及國內不同地方的俗稱。

因此，所謂的「中文學名」，正確的說法應該是「中文名」，指在中文上統一的名稱，因為在很多地方還有不同的「俗名」。例如：學名 *Eleutheronema tetradactylum* 的魚，中文名是「四指馬鮁」，台灣俗名「午仔」，澎湖俗名「鬚午仔」，香港俗名「馬友魚」。

不過，在「中文名」上，台灣、中國大陸、香港使用的中文名稱，以及日本使用的日文漢字名稱，有相同也有不同。例如：台灣中文所稱的「鮪魚」（ㄨㄟˇ ㄩˊ），源自日文マグロ（羅馬字 maguro）的漢字「鮪」，但在中國大陸稱「金槍魚」，香港則是音譯英語 Tuna 稱之「吞拿魚」。

至於海產的俗名，大都來自先民對這種海產最直接而生動的印象。然而，台灣有很多海產的台語俗名，卻讓人不明其義，甚至在兩、三百年前清代文獻就已出現的名字，至今仍未能考據由來。

我在此做個「小考」，看大家可以答對幾題？很多人可能一題也答不出來。

「嘉鱲」有「嘉臘」、「加臘」、「佳臘」、「加蚋」等不下十種寫法，到底是什麼意思？

「狗母魚」（狗母梭）與母狗有關係嗎？

「午仔」為什麼以午為名？為什麼有人寫成「鯃魚」？

「象魚」（臭肚魚）長得那麼小，為什麼以象為名？

「鱸鰻」是流氓的語源？

「香魚」是什麼香味？

「石斑」為什麼又稱「過魚」？

「鯖魚」為什麼叫「花飛」？

「鰹魚」為什麼叫「煙仔」？

「鮪魚」為什麼叫「串仔」？

「章魚」為什麼叫「石拒」？

「花枝」是「烏賊」（墨魚）的花名？

「鎖管」與鎖有關係嗎？

其實，我在撰寫《蚵仔煎的身世：台灣食物名小考》（貓頭鷹出版，二〇一六年）期間，已碰觸很多魚名的問題，當時因找不到線索，就覺得恐怕無法找到命名由來。

後來，我決定一探究竟，尤其當時我正撰寫《遠見與承擔：中研院數位人文發展史》（中研院數位文化中心出版，二〇一七年），不但了解台灣豐富的數位典藏成果，還曾訪問中研院《臺灣魚類資料庫》建置人邵廣昭、《臺灣貝類資料庫》建置人巫文隆，相當感佩他們致力推廣海洋生物教育的熱情。

我從語言、歷史、圖鑑著手，利用各種數位資源（Digital Resources），包括台灣、福建、廣東方志等文獻中的魚貝類資料、台灣與日本的魚貝類圖鑑，以及台語、日語、漢語、廈門話等相關語言的辭書，並且前往魚市場做田野調查。結果，很多本來以為無解的魚貝類名字由來，竟然可以找到確定或可能的答案。

先民為各種海產命名，必有所據，大都依照外表、特徵、習性、盛產季節、捕撈方法、歷史典故等，我們不去探本溯源，就無法了解其義。如果不知其義，則可能只保存了音，進而用錯了字，最後因用錯字，連音都跟著變了。

上述考題中，「嘉鱲」就是不知本字才出現各種諧音寫法；台灣清代文獻雖有「過臘」的魚名，但未說明由來。結果，我在《泉州府志》和《晉江縣志》找到相關資料：「奇鬛，一名髻鬛，一名過臘，以其出於歲暮故名」，再比對魚類圖鑑，確認奇鬛、髻鬛就是台灣所說的嘉鱲，終於找到答案：嘉鱲的本字是過臘，以「臘來春去」得名（臘月指農曆十二月）。

「狗母」甚至因不知本字而變成了母狗，但我找到「狗母」的語源，原來是二十四節氣中的「穀雨」（台語文讀音 kok-ú）。

「午仔」的魚名則是對的，因為在福建，此魚是農曆五月端午節期間大出，才以「午」命名。但現在有人卻以為「午」是錯字而另創諧音的「鯃魚」，而「鯃」是中國古書所說的魚，只存魚名而已。

至於「花枝」，目前台灣的國台語辭書都說花枝是墨魚、烏賊的別名，但台灣清代文獻卻沒有花枝。最後，我在福建文獻中找到「俗呼烏賊大者為花枝」、「墨魚尾圓，花枝尾尖，肉較嫩脆」的資料，原來花枝不等於墨魚、烏賊。我再比對貝類圖鑑，推論台灣所說的花枝大都指「虎斑烏賊」（*Sepia pharaonis*）。

我也發現，連我們早已習以為常的鯉魚、鯽魚、鮑魚，以及蟹、蟳、蠘仔（市仔）等，都可以找出命名的道理。

此外，我還介紹一些常見日文漢字魚名的由來。日本是海洋國家，擁有多樣的海水魚，早年曾向中文借用大量漢字魚名，或自創「魚」字旁的和製漢字魚名。後來，很多日文漢字魚名還回銷中文，尤其在台灣被大量引用，例如鯛、鮭、鮪、鰆、鰹、鯖等。

日文為什麼使用這些漢字來為魚命名？其實都有所據，我在書中也有解說。例如「鯛」是「魚」＋「周」，「周」有周全、完備之意，日本人認為這種魚周身均整，無論從什麼角度看都很美觀。

本書魚貝類使用的拉丁文學名、中文名，都是根據中研院的《臺灣魚類資料庫》、《臺灣貝類資料庫》，所有內容來自學術研究及田野調查，除了呈現科學、歷史、文化、語言的知識和趣味，也提醒現今推廣的生態保育、永續漁法。

我在書中也順便提到魚名的「文創」。台灣最美麗，也最高價的蟹——萬里蟹的主角「花蟹」，很少人注意背殼上有一個十字花紋，所以英文稱之「十字架蟹」（Crucifix crab）。傳說十六世紀天主教耶穌會創始人之一聖方濟．沙勿略來東方傳教時，他胸前的十字架掉到海中，後來被一隻蟹背上沙灘。他對這隻蟹劃十字祝福，從此這種蟹的背殼上就有了十字花紋的印記。

由於新約聖經記載耶穌以「五餅二魚」餵飽五千人的神蹟，在耶穌的家鄉、門徒彼得的故居迦百農，那裡的餐廳都會供應附近湖中所產的魚（即台灣所稱吳郭魚的一種），稱為「聖彼得魚」。這種觀光行銷，讓我想到台灣在十七世紀由西班牙人命名的「三貂角」（Santiago）聚落及教堂，以紀念耶穌另一個漁夫門徒聖雅各（San Jacobo）。台灣清代文獻即記載三貂角盛產的四破魚，也可以稱之「聖雅各魚」啊！

本書大多數的文章，我都先在臉書發表，經由公開討論，以期集思廣益。感謝在臉書上有台語文研究者林文信、潘科元、許嘉勇、林金城、杜建坊、賴盈築、蕭平治、李恒德、葉程允等人的指正及補充，海釣達人、滿源魚舖主人劉祖源提供寶貴意見及對照圖片，我定居日本的女兒曹天晴幫忙尋找、解說日文資料，以及中研院台史所翁佳音、海洋文學作家東年、水產出版社社長賴春福的稱許和鼓勵。

感謝貓頭鷹出版團隊，總編輯謝宜英對本書的支持，尤其本書主編張瑞芳，以及她邀請的生態插畫家林哲緯，針對書中描述各種海產的特徵來繪圖，並呈現相似物種的對比，讓本書圖文並茂，更有助讀者辨識，在此特別致謝。

第1章

# 魚中之最

# 鯛魚家族

# 01 嘉鱲與真鯛

台灣的好魚「嘉鱲」，在日本也是名貴之魚，日文稱之「マダイ」（madai），日文漢字「真鯛」。中研院《臺灣魚類資料庫》依據日本漢字，嘉臘的中文名也稱鯛科的「真鯛」。

然而，台灣自清代以來，由於不知「嘉鱲」（台語音 ka-la̍h）魚名由來，所以出現很多發音相近的寫法，包括清代方志的「交臘」、「交力」，日本時代辭典的「加納」，以至於戰後的「加蚋」、「加臘」、「佳臘」、「嘉臘」等不下十種，目前教育部《臺灣閩南語常用詞辭典》使用有魚字旁的「嘉鱲」。

嘉鱲魚身淡紅色，腹部白色，背部零星分布藍色小點；背鰭單一，具有大而鮮明的硬棘及軟條；胸鰭長於腹鰭，尾鰭叉形。這種外表端正亮麗，最大體長

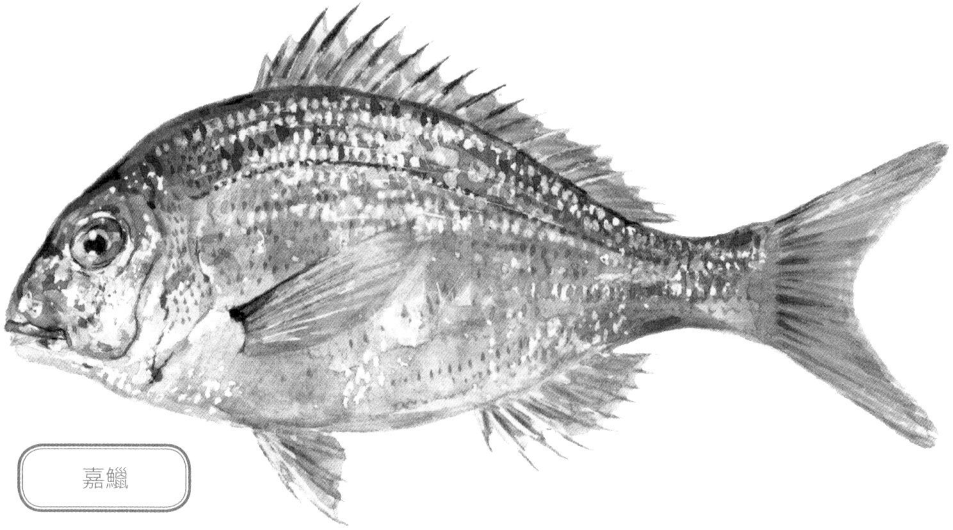

嘉鱲

可達一公尺，在台灣傳統好魚排行榜名列前茅的魚，竟然只有名聲而不知其身世，一直以來，未見此魚名稱由來的說法。

我的探尋從台灣清代方志開始，依年代往前找，找到以下與「嘉鱲」諧音的魚名：

- 《澎湖廳志》（一八九二年）：「交臘，出於冬月，味甘美不下龍占。」（龍占是澎湖有名的魚，又稱龍尖。）
- 《淡水廳志》（一八七一年）：「交臘，味清而佳。」
- 《噶瑪蘭廳志》（一八五二年）：「交力，一呼交臘，狀如鯉而較扁，大可重四、五斤。」
- 《小琉球漫誌》（一七六五年）：「過臘，魚名，以臘月出，故名，味甚甘美。邑誌未載。土人云：海魚佳者曰龍尖，曰過臘。凡海魚多腥，惟龍尖、過臘不腥，味如池魚。」

《小琉球漫誌》的作者是台灣清乾隆年間鳳山縣（今高屏地區）教諭朱仕玠，為福建建寧縣人，他記述在台任職期間的見聞，書名「小琉球」指的是台灣，而不是今天俗稱小琉球的屏東縣琉球鄉。

《臺灣府志》（一六八五年）最早提到「過臘」魚名，但沒有解釋。

台灣清代方志就只有《臺灣府志》和《小琉球漫誌》兩筆資料寫到「過臘」，這是很重要的記載，因「過臘」與後來的「交臘」、「交力」諧音，可推測可能指同一種魚，也說明「過臘」以在農曆十二月的臘月大出而得名。

然後，我再往福建方志尋找，希望得到更多資料來確認。

中國最早的地方海產動物志《閩中海錯疏》（一五九六年）：「過臘，頭類鯽，身類鱖，又類鰱魚，肉微紅，味美，尾端有肉，口中有牙如鋸，好食蚶蚌。以臘來春去，故名過臘。」《福州府志》：「過臘，頭類鯽，身類鱖，又類鰱，肉微紅，味美，以臘來春去，故名。」以上述兩筆福建文獻對「過臘」的描述，比對《臺灣魚類資料庫》對「嘉鱲」的描述：「上頷前端具圓錐齒兩對，兩側具臼齒兩列，以底棲生物（海星、蚌類、海參、海葵）為食」，幾可確認「嘉鱲」原名「過臘」，以臘來春去得名。

但《閩中海錯疏》也提到另一種很像嘉鱲的魚：「棘鬣，似鯽而大，其鬣如棘，色紅紫。《嶺表異錄》名『吉鬣』，泉州謂之髻鬣，又名奇鬣。」《嶺表異錄》為唐劉恂所著，記載兩廣物產及風俗。

這筆資料的「髻」（ㄑㄧˊ）指魚的背鰭，「鬣」（ㄌㄧㄝˋ）是鬚，「棘」（ㄐㄧˊ）是刺，看來是在描述嘉鱲背鰭的特徵。

我又查到《泉州府志》：「奇鬣，一名髻鬣，一名過臘魚。」泉州《晉江縣志》：「奇鬣，赤色，一名髻鬣，一名過臘，以其出於歲暮故名。」

根據《泉州府志》、《晉江縣志》的說法，《閩中海錯疏》所說的「棘鬣」就是「過臘」，以出於歲暮臘月而得名。

答案終於揭曉！從中還可看到魚名在四百年來的改變：過臘→交臘→交力→加鈉→加臘→佳臘→嘉臘→嘉鱲，因為後來的音和義都變了，當然無法知道魚名的由來。

嘉鱲與臘月有關，也符合台語俚諺「春鯢冬嘉鱲」的說法，先民知道春天是吃鯢、冬天是吃嘉鱲的季節。

事實上，台灣以前過年圍爐的「年魚」，並不是現在流行的白鯧，而是嘉鱲。嘉鱲除了好吃，魚體還是討喜的紅色。那麼為何不吃顏色更紅的赤鯮呢？因為嘉鱲的體型較大，比赤鯮適合用來祭拜和宴客。

然而，現在野生嘉鱲已愈來愈少、愈來愈小了！嘉鱲後來雖然發展箱網養殖，但魚體不紅，滋味也難比野生，所以身價就不可同日而語了。

最後來談日本的「真鯛」。從日文選用漢字「鯛」作為魚名，就可看出日本人對這種魚的觀感。「鯛」是「魚」＋「周」，「周」有周全、完備之意，日本人認為這種魚周身均整，無論從什麼角度看都很美觀。

日本江戶時代的武士、俳句詩人橫井也有，他著有俳文集《鶉衣》，其中一篇〈衆魚譜〉開頭就說：「人は武士、柱は檜の木、魚は鯛」，意思是：人之最乃武士，柱之最乃檜木，魚之最乃鯛，這句話點出鯛在日本人眼中「百魚の王」的地位。

日本堪稱全世界最會吃魚的民族，日本人認為鯛是魚中第一，再冠以「真鯛」，可見是鯛之極品。還有其他的鯛，台灣人較熟悉的有「黃鯛」（赤鯮）、「黑鯛」（烏格）、「甘鯛」（馬頭魚）等。

鯛的日文「たい」（tai），因發音接近吉祥的日文めでたい（medetai），所以鯛也被日本人視為喜慶之魚，而真鯛更是上選，成為過年、節慶、宴會的佳餚。

香港國際機場又稱「赤鱲角機場」（英語 Chek Lap Kok Airport），位於香港西部海域的島嶼「赤鱲角」，以該島海域盛產「赤鱲」魚而得名。

香港人所說的「赤鱲」，就是台灣人所說的嘉鱲。

# 02 赤鯮？赤鰺？赤鬃？

赤鯮在台灣是名貴的魚，但因不知魚名由來，所以出現赤章、赤棕等不同寫法，目前教育部《臺灣閩南語常用詞辭典》使用「赤鯮」。

一八七三年蘇格蘭長老會牧師杜嘉德編的《廈英大辭典》（廈門腔白話羅馬拼音對英文）、一九一三年蘇格蘭籍長老教會牧師甘為霖編的《廈門音新字典》，以及台灣在日本時代一九三一年由日本語言學家小川尚義編的《臺日大辭典》，赤鯮的用字都是「赤鰺」。《臺日大辭典》並以日文解釋「赤鰺」、「赤鰺魚」是鯛的一種。

根據《漢典》，「鰺」音ㄗㄨㄥ，古同「鯮」，但「鰺」也被用來指稱石首魚，尤其黃魚。

台灣清代方志少見提到赤鯮。清胡建偉《澎湖紀略》（一七六九年）：「赤鯮魚，身短頭大，尾兩開，赤色有鱗。」日本時代連橫《臺灣通史》（一九一八年）說：「赤鯮，色紅如海鯉而大，春夏盛出，基隆最多。」

這兩筆資料並未清楚描述赤鯮的特徵，不過「身短頭大」、「尾兩開」較像赤鯮而非黃魚。基隆也盛產赤鯮。

根據中研院《臺灣魚類資料庫》，赤鯮的中文名是「黃背牙鯛」。其實赤鯮和嘉鱲（中文名「真鯛」）的特徵都是背鰭單一，具有大而鮮明的硬棘及軟條，所以我很快就會想到赤鯮的正字可能是發音相同的「赤鬃」。

「鬃」字在台語和華語都指頭髮，也指獸類頸背上的毛，例如馬鬃、豬鬃。京劇有一齣薛平貴與王寶釧的愛情故事就叫《紅鬃烈馬》。因此，「紅鬃馬」也可以對應「赤鬃魚」。

不過，華語和日語的「赤」指紅色，但台語「赤」（tshiah）不是紅色，而是紅棕色、赤土色，例如紅砂糖叫「赤砂」，煎魚煎到微焦稱「赤赤」。因此，台灣人說的赤鯮，日本人稱之「黃鯛」。

果然，我在清乾隆《福州府志》找到「赤鬃」。《福州府志》引用兩筆資料：一是唐林諝《閩中記》（八五〇年）：「赤鬃，似棘鬣而大，鱗鬣淺紅色。」一是明屠本畯《閩中海錯疏》（一五九六年）：「棘鬣與赤鬃，味豐在首，首味豐在眼，蔥酒蒸之為珍味。」

「棘鬣」在其他福建方志指的就是「過臘」（即嘉鱲），所以《閩中記》說赤鬃很像嘉鱲而較大，鱗和鬐都是淺紅色。據此，赤鬃就是赤鯮，不過說赤鯮比嘉鱲大則有待商榷，因為嘉鱲一般長得比赤鯮大。不管如何，古人也知道赤鯮、嘉鱲都是好魚，尤其魚頭和魚眼特別有味。

在傳統台灣好魚排行榜中，赤鯮排名本來在嘉鱲之後，但現在市場上的養殖嘉鱲滋味變差，身價已不如野生赤鯮。不過，如果在市場上看到很小、便宜的赤鯮，請不要買，以免鼓勵濫捕。

有一句台語俗語「魬仔假赤鯮」（魬音puánn，魬仔也寫成盤仔），因為魬仔魚（中文名「紅鋤齒鯛」）長得很像赤鯮，但價格比較便宜，所以會被冒充。

如何分辨赤鯮與魬仔？簡單來說，赤鯮的背鰭下方有三塊金黃色斑點，呈現金黃亮光。

此外，魬仔背鰭的第一、二棘很長，第三、四棘延長為絲狀，故又名「二長棘犁齒鯛」。但傳聞有魚販會故意把魬仔的兩條長棘剪短，所以買時也要注意。

魬仔

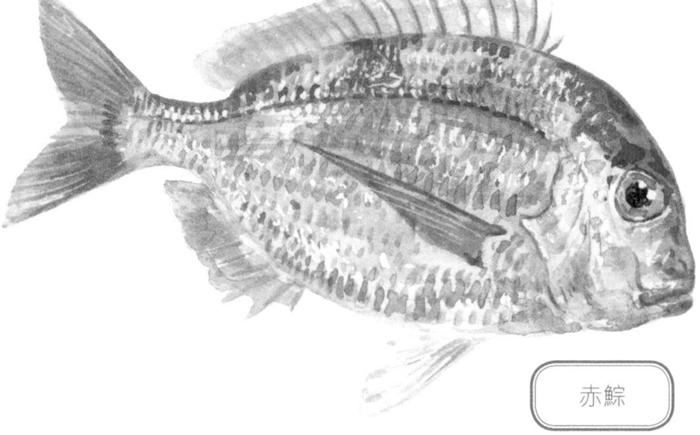

赤鯮

# 03 烏格？烏鯮？烏頰？

烏格是台灣常見的高級魚，教育部《臺灣閩南語常用詞辭典》收錄「烏格仔」（oo-keh-á）一詞。但有人把台語「烏」改「黑」寫成「黑格」，又因長得像赤鯮也稱之「烏鯮」。

根據中研院《臺灣魚類資料庫》，鯛科中俗稱烏格的共有四種，包括「臺灣棘鯛」（台灣特有種）、「太平洋棘鯛」、主要分布在台灣北部的「橘鰭棘鯛」，以及已發展養殖的「黑棘鯛」。

何謂「烏格」？「烏」是黑，「格」則難解，但烏格與嘉鱲、赤鯮是鯛科近親，可從古文獻找線索。

- 《泉州府志》：「奇鬣，一名髻鬣，一名過臘魚。烏頰，二魚形頗相似，俱於隆冬大寒時耴之。」「耴」是「取」的異體字。
- 《臺灣府志》（一六八五年）：「烏頰形似過臘而小，隆冬天寒時取之。」
- 《諸羅縣志》（一七一七年）：「烏頰：身短闊，《興化志》：『似棘鬣魚；但其頰烏，故名』。」
- 《臺灣縣志》（一七二〇年）：「烏頰：身短而闊，其頰烏，故名。」

根據以上文獻，棘鬣、奇鬣、髻鬣、過臘指的都是嘉鱲，烏頰長得很像嘉鱲而體小，以臉頰黑而稱之烏頰。此外，烏格、嘉鱲都是冬季大出而味美，也符合文獻說法。因此，「烏格」的名字應該就是源自「烏頰」。

「烏頰」為什麼會變成「烏格」？根據日本時代《臺日大辭典》（一九三一年），台語「頰」的音 kiap 或 khih。但教育部《臺灣閩南語常用詞辭典》沒有「頰」字，而有台語稱臉頰為「喙顊」一詞，「顊」漳音 phé、泉音 phué。以此推論，烏格的「格」大概從「頰」或「顊」轉音而來。

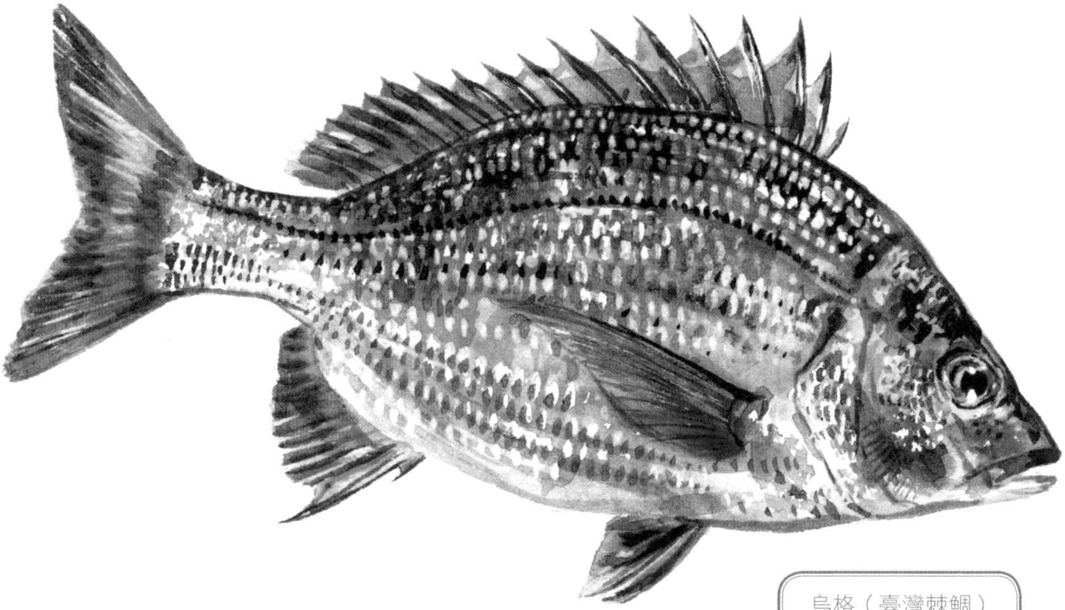

烏格（臺灣棘鯛）

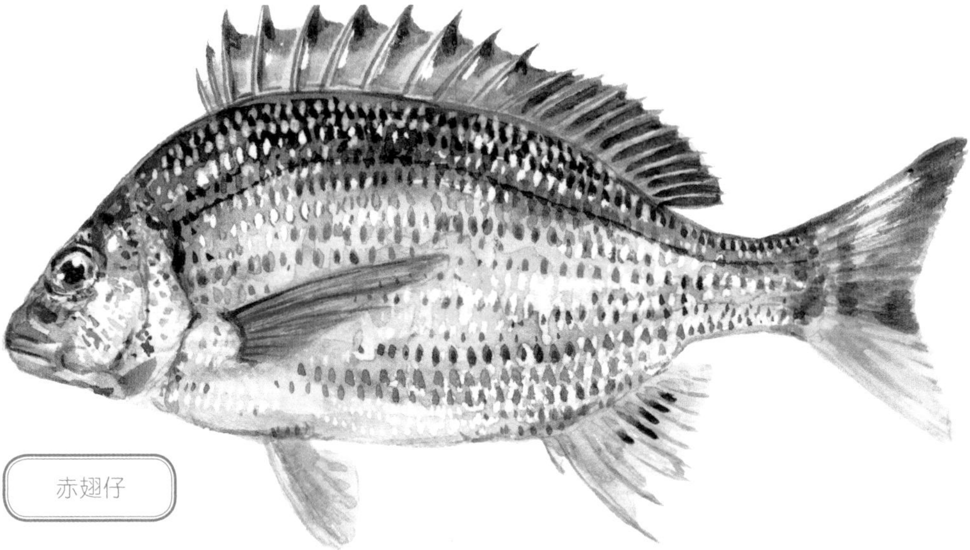

赤翅仔

我在網路上看到有一句台語俗語「烏格仔假赤翅」，赤翅仔是「黃鰭棘鯛」。我想野生的烏格仔和赤翅仔都很美味，這句俗語或許只是說兩者長得很像，但赤翅仔的胸鰭、腹鰭、臀鰭和尾鰭下緣是黃色，不難與烏格分辨。

日本也有「黑鯛」，一般指クロダイ（kurodai），即台灣所稱的「黑棘鯛」。因此，台灣也有人稱烏格為「黑鯛」。

台灣北海岸、基隆外海常有黑鯛出沒，成為海釣客的最愛。基隆市曾在二〇〇七年舉行「市魚」網路票選，結果由「黑鯛」奪冠。

基隆市鳥是黑鳶（老鷹），黑鳶會不會抓黑鯛？

請放心！黑鳶不會潛水，而黑鯛警戒性強，大都在海底砂泥處活動，也很會找遮蔽的地方，所以黑鳶不大可能抓到黑鯛。

# 04
# 赤翅仔為什麼不是紅色？

「赤翅仔」這魚名讓很多人困惑，「翅」應該指魚鰭，為什麼以赤為名，看來卻是黃色？我問過很多菜市場的魚攤，答案都是：「本來就叫赤翅仔！」有的會補充：「赤翅仔跟烏格（黑鯛）長得一樣，只有鰭的顏色不一樣。」

所以就構成一個問題：同樣是「赤」字頭，為什麼赤鯮偏紅，赤翅仔卻偏黃？

首先，就台語而言，赤翅仔（tshiah-sìt-á）的「翅」是錯字。「翅」音 tshì，所以魚翅叫 hî-tshì／hû-tshì。「翼」音 sit，所以赤翅仔應該寫成「赤翼仔」才對！

根據中研院《臺灣魚類資料庫》，赤翅仔中文名「黃鰭棘鯛」，胸鰭、腹鰭及臀鰭在魚體新鮮時呈現鮮黃色，有時在鰭膜間有黑紋，尾鰭灰色具暗色緣，下葉具黃色光澤。以此來看，這是此魚以「黃鰭」為名的原因，所以英文俗名也叫 Yellowfin seabream（黃鰭海鯛）。

在一般人眼中，赤翅仔長得很像烏格。烏格的正字「烏頰」，以臉頰黑而得名。事實上，赤翅仔、烏格同是「棘鯛屬」。台灣清代方志也常同時提到這兩種魚，但大都稱赤翅仔為「黃翅」。

- 《諸羅縣志》（一七一七年）：「黃翅，《興化志》名黃穡，漳、泉因之。狀似烏頰，身小而薄，肉細而味清，以其翅黃，故名，淡水有重一、二斤者。」
- 《鳳山縣志》（一七二〇年）：「黃翅，以翅黃，故名，又曰黃翼。」
- 《重修臺灣府志》（一七四七年）：「黃翅，狀似烏頰．肉細而味清，以其翅黃，故名，下淡水有重一、二斤者。」「下淡水」是高屏溪舊稱，指今高屏地區。
- 《澎湖紀略》（一七六九年）：「黃翅魚，狀如烏頰，肉細味美，其翅黃，故名。」

福建的方志則大都稱之「黃穡」。閩南語「穡」音 sit，與「翼」同音。

- 《漳州府志》：「黃穡略似棘鬣，其身小而薄，淡黃。」
- 《晉江縣志》：「黃穡魚，似過臘，身小而薄，尾黃，俗呼黃翼。」「過臘」就是嘉鱲。

根據以上文獻，「赤翅」本來寫成「黃翅」、「黃翼」，但到了日本時代的《臺日大辭典》（一九三一年）就沒有「黃翅」、「黃翼」，而變成「赤翅」了。

在華語和日語中，「赤」指紅色，但在台語，「赤」（tshiah）指紅棕色，然而台語的赤色並不等於黃色，何況台語也有黃色（n̂g-sik）的用法啊！

以此來看，或許赤翅仔的顏色處於台語的赤色和黃色之間，所以官方文獻稱之「黃翅」，民間說法則稱之「赤翅」。

這樣也就可以理解，赤鯮雖偏紅但本體是金黃色，所以台語稱之「赤鯮」，日語稱之「黃鯛」。

# 05 馬頭魚在日本叫甘鯛

台灣常見的馬頭魚，以肉質細嫩而味美著稱，名列台灣好魚排行榜十大之一。馬頭魚不屬鯛科，但日本人也稱之「甘鯛」。

根據中研院《臺灣魚類資料庫》，馬頭魚是弱棘魚科之下的馬頭魚屬，但中國大陸則稱「軟棘魚科」之下的「方頭魚屬」。

為什麼會有「馬頭」、「方頭」的不同稱呼？

根據《臺灣魚類資料庫》「弱棘魚科」及「馬頭魚屬」的描述：「上部輪廓在眼之前突垂直下降，形如馬頭」，「頭背部於背鰭前方呈一多肉的脊，約至眼睛處陡降，狀如方形頭」。

總之，既是方頭，也像馬頭。中國大陸一般稱方頭魚，但南方沿海包括廣東話、潮州話都稱馬頭魚。英文則俗稱

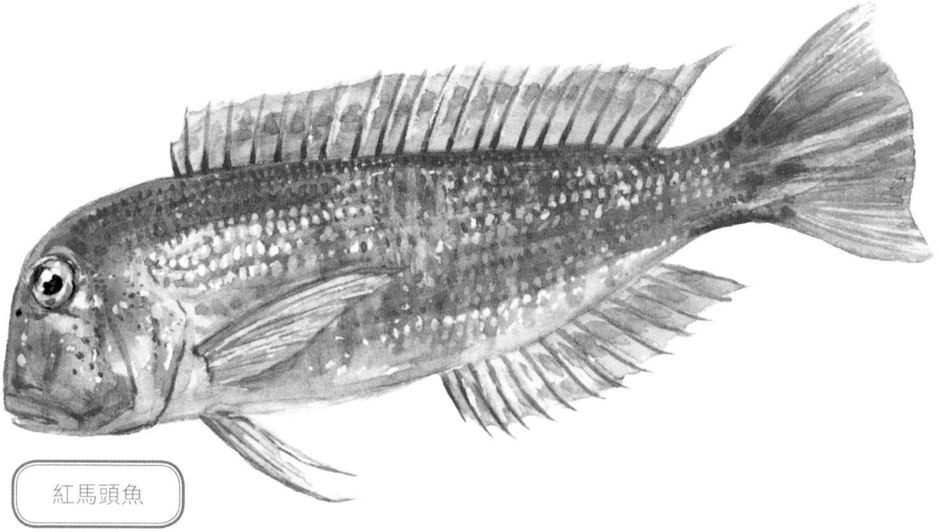

紅馬頭魚

Tilefish，可譯為「磚頭魚」，顯然洋人也看到此魚頭部方正的特徵。

在分類學上，拉丁學名 Sparidae 在中文稱「鯛科」，日文稱「タイ科」，日文所說的「真鯛」（マダイ，madai，即嘉鱲）、「黃鯛」（キダイ，kidai，即赤鯮）、「黑鯛」（クロダイ，kurodai，即烏格）都屬此科，並不包括「甘鯛」（アマダイ，amadai）。

但中文名的「弱棘魚科」，日文名稱之「キツネアマダイ科」，算是另一種「タイ科」（鯛科），並稱之「アマダイ屬」（甘鯛屬）。如此，日本人視鯛為「百魚の王」，而甘鯛也在其中。

有趣的是，在沒有魚類科學分類的時代，中國最早的地方海產動物志《閩中海錯疏》（一五九六年），竟然把「棘鬣」（嘉鱲）、「赤鬃」（赤鯮）、

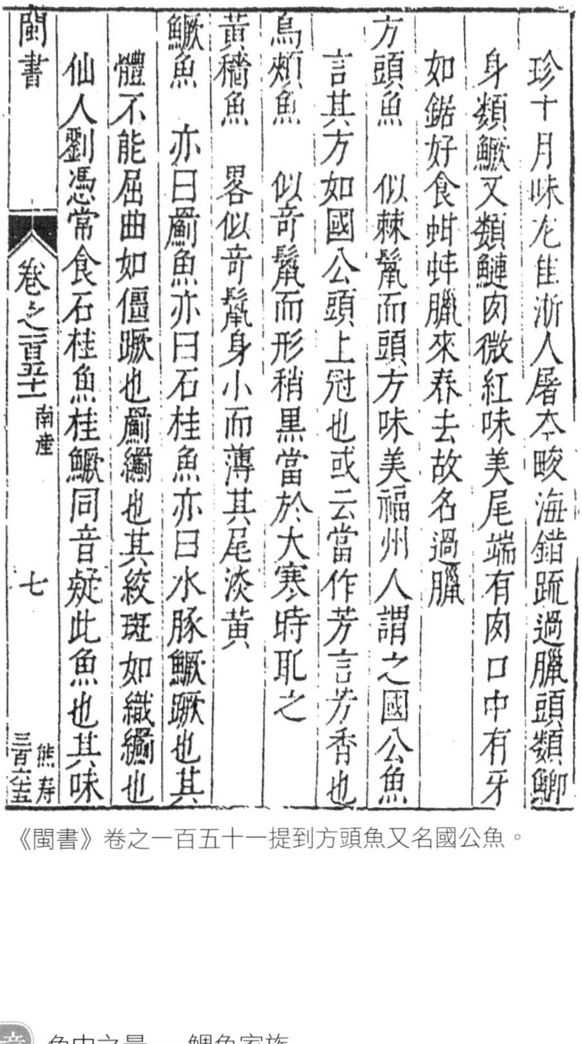

珍十月味尤佳浙人屠本畯海錯疏過臘頭類鯽身類鱖又類鰱肉微紅味美尾端有肉口中有牙如鋸好食蚶蚌臘來春去故名過臘

方頭魚　似棘鬣而頭方味美福州人謂之國公魚言其方如國公頭上冠也或云當作芳言芳香也

烏頰魚　似奇鬣而形稍黑當於大寒時取之

黃鰭魚　畧似奇鬣身小而薄其尾淡黃

鱖魚　亦曰罽魚亦曰石桂魚亦曰水豚鱖蹶也其體不能屈曲如僵蹶也罽罽也其紋斑如織罽也仙人劉憑常食石桂魚桂鱖同音疑此魚也其味

閩書　卷之一百五十一　南產　七　熊寿

《閩書》卷之一百五十一提到方頭魚又名國公魚。

「烏頬」（烏格）、「方頭」（馬頭魚）放在一起介紹，可見當時也看出了四種魚的相似性。《閩中海錯疏》還說：「方頭，似棘鬣而頭方，味美」，「或云方當作芳，言其頭為味芳香也。」不但看出馬頭魚很像嘉鱲，也認為馬頭魚與嘉鱲一樣美味，而且魚頭特別好吃。

《臺灣魚類資料庫》列出台灣的四種馬頭魚：白馬頭魚、銀馬頭魚、斑鰭馬頭魚（又稱黃馬頭魚）、日本馬頭魚（又稱紅馬頭魚）。

「紅馬頭魚」最常見，「黃馬頭魚」（澎湖稱黃面馬，日本稱黃甘鯛）較小，兩種的顏色都很討喜。「白馬頭魚」體型最大，一般認為最美味。「銀馬頭魚」則較少見。

# 06 長得像嘉鱲的龍尖

多年前我第一次去澎湖，就被一種剖開曝曬的魚乾所吸引，這種魚有點像嘉鱲，但嘴巴尖尖的，名叫「龍尖」，也寫成「龍占」。

根據中研院《臺灣魚類資料庫》，台灣龍占魚科的魚有二十六種，常見的有「正龍占魚」，又稱龍尖、白龍占、紅鰭龍占，以及「青嘴龍占魚」，又稱龍尖、青嘴。

龍占魚科的特徵是吻尖銳，棲息環境與鯛科相似，但活動範圍比較寬廣。龍占魚科與鯛科的外型也很像，所以台灣中文名所稱的「正龍占魚」，日文稱之「笛吹鯛」（フエフキダイ），中國大陸的中文名則是「紅鰭裸頰鯛」。

這種魚在台灣清代方志大都稱之「龍尖」，只有澎湖方志稱之「龍占」，但澎湖生產此魚最多，到底是「龍尖」還是「龍占」？

就台語而言，「尖」音 tsiam，「占」用在「占據」時音 tsiàm，只有用在「占卜」時音 tsiam，與「尖」同音。因此，以此魚嘴尖的特徵，加上此魚與占卜無關，應該寫成「龍尖」才對。

台灣清代方志對龍尖、龍占的記載，大都說此魚與嘉鱲（真鯛）、赤翅（黃鰭棘鯛）長得很像，「口尖而身豐」，「喉內有紅色」，「味甘而肥美」，「出澎湖，多曬乾者」。

《澎湖紀略》（一七六九年）：「龍占魚，大僅一、二斤，醃以作鮝，味亦頗佳，此乃澎魚之上品也。」

「鮝」指魚剖開鹽醃曬乾，這是中國東南沿海保存魚類並增添滋味的傳統方法。《噶瑪蘭廳志》說：「龍尖，曬乾可敵紅花鮝。」「紅花」指石首魚科的「黃姑魚」，又稱「春子」，名列台灣好魚排行榜十大之一。

清道光年間澎湖通判蔣鏞所著《澎湖續編》（一八三二年），收錄了當年台灣兵備道周凱描述龍占魚的詩：「身肥渾不論秋冬，繒網還教處處逢，占得澎湖魚第一，不知何意亦名龍？」周凱是浙江人，可能不懂閩南語發音，他把「占」（tsiam）當成「占」（tsiàm），所以才說「占得第一」，而他也不知此魚為何以「龍」為名？

「龍尖」的命名，可以這樣推測：「尖」是口尖，「龍」在中文常用來指首領或豪傑，例如「龍頭」、「人中之龍」，在此可比喻此魚是澎湖魚中之首。

龍占魚科的英文俗名叫 Emperor（帝王），「正龍占魚」就叫 Chinese emperor，正好呼應以「龍」為名的中文名。

不過，龍占魚科尖嘴的外型，英文俗名還有 Longnose emperor（長鼻帝王）、Pigface bream（豬臉鯛），剛好「青嘴龍占魚」、「尖吻龍占魚」等的台語俗名也叫「豬哥」、「海豬哥」。

日本時代《臺日大辭典》（一九三一年）也收錄「龍尖」（lêng-chiam）一詞，日文解釋是「口火鯛」。從目前日文稱龍尖為「笛吹鯛」來看，其特徵除了「吻突出」外，口的內側呈鮮紅色，日文稱之「口火」（くちび），故與「口火鯛」相符。

《澎湖廳志》（一八七八年）：「交臘出於冬月，味甘美不下龍占。」把當年野生嘉鱲、龍尖的美味相提並論。今也有釣客認為，龍尖比嘉鱲含有更多膠質及油脂，炭烤滋味最佳。

不過，報載近年來澎湖龍尖數量明顯減少，海洋保護及永續漁業是台灣刻不容緩的課題。

龍尖（正龍占魚）

# 07 平鯛與枋頭

有一種很好吃的鯛科魚其中文名「平鯛」（*Rhabdosargus sarba*），一般以台語稱之「枋頭」（pang-thâu），這是很奇怪、讓人不解的名字，也寫成諧音的「邦頭」、「崩頭」、「胖頭」、「班頭」、「斑頭」、「香頭」（phang-thâu）。

此魚又稱「黃錫鯛」，這很容易解釋，因其腹鰭、臀鰭及尾鰭下緣是黃色，而身體是銀白色（錫是銀白色金屬），故得名。

香港人則稱此魚「金絲鱲」，大概以其銀白魚身上有許多淡青色縱帶宛如金絲。

那麼「枋頭」之名從何而來？清代台灣方志記載「枋頭」僅見《澎湖廳志》（一八

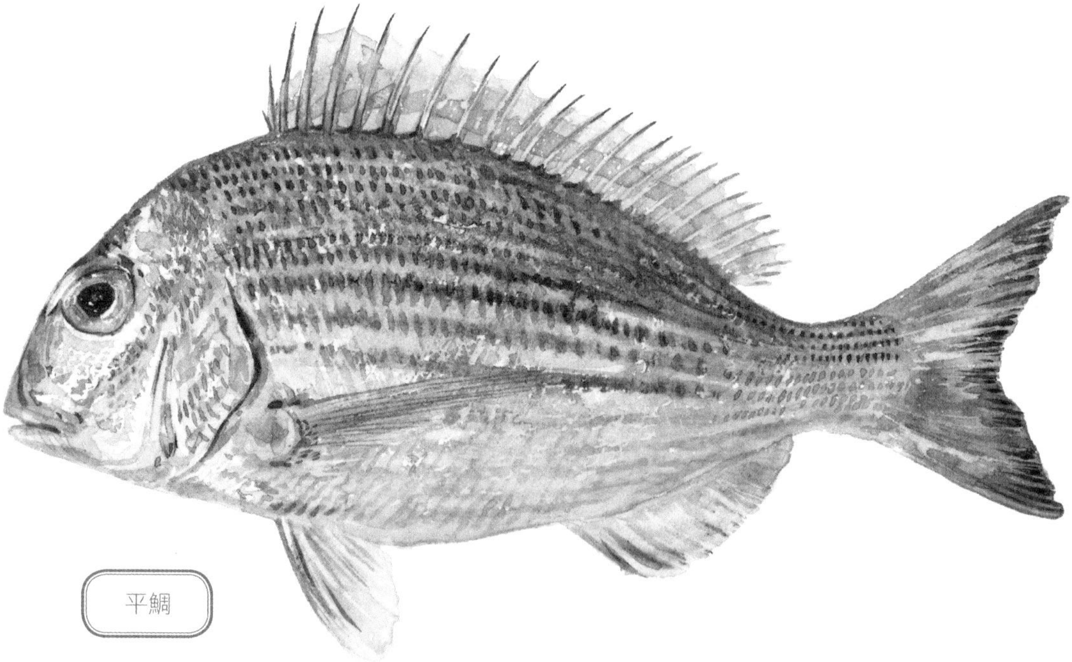

平鯛

七八年）：「枋頭，似交臘而色白如銀，結陣而行，一網數百斤。」

此句中的「交臘」，就是台語所說的「嘉鱲」（ka-la̍h），所以澎湖人又稱「枋頭」為「白嘉鱲」。

台語「枋」、「枋仔」指薄片、扁平狀的方形木板，「枋頭」指木板的一端，例如「枋頭枋尾」指木板要切掉的兩端。但「枋頭」如何成為魚名呢？

「平鯛」其實是日本人的命名，日文漢字也寫成「へ鯛」，日文假名ヘダイ（hedai）。日文解釋命名由來，以此魚的身體是平的、側扁形（兩側扁平），而從嘴部、頭部到背部呈「へ」字形。

以此推斷，可能台語也以此魚頭部扁平如木板而稱之「枋頭」？或者此魚頭部有如枋（方形木板）的一端（角）？

然而，黑棘鯛（烏格，烏頰）、黃背牙鯛（赤鯮，赤鬃）、黃鰭棘鯛（赤翅仔，赤翼仔）等魚，都跟黃錫鯛（枋頭）有相似的頭形，為何讓黃錫鯛獨占「枋頭」之名？可能因為這些魚有比「枋頭」更鮮明的特徵。

枋頭在台灣有專門養殖，或與文蛤混養。

# 08 日本的鯛與赤鯮虎

西餐廳海鮮料理高貴的「海魴」，學名 *Zeus faber*，台灣中文名「日本的鯛」，英文俗名 John Dory，所以也音譯「多利魚」。

John Dory 之名由來，常見以下兩種說法：

一、源自古老童謠 John Dory，John Dory 是一位船長的名字。

二、此魚的顏色是「橄欖黃」（olive yellow），John 來自法文 jaune（黃色），Dory 來自法文 dorée（金色）。

不過，由於美國市場稱越南（東南亞）進口的淡水養殖巨鯰魚排為 cream dory（奶油多利魚），所以這種廉價魚排在台灣坊間也被商家刻意稱為魴魚、多利魚。

不過，台灣坊間常見廉價的冷凍魚排，卻稱之魴魚、多利魚，其實大都是進口的越南淡水養殖鯰魚（巨鯰）。

「日本的鯛」的意思並不是日本的鯛魚。在中文，「的」有兩種用法：

一、「的」音˙ㄉㄜ，指置於形容詞後的結構助詞，或置於句尾的加強語氣助詞。

二、「的」音ㄉㄧˋ，指箭靶的中心，例如「矢之中的」，或比喻「一語中的」。

「日本的鯛」的「的」，發音是ㄉㄧˋ。台灣中文所稱的「的鯛科」（Zeidae），鯛以「的」為名，其實來自日文名。日文稱這種魚為マトウダイ（matōdai），漢字「的鯛」、「馬頭鯛」。

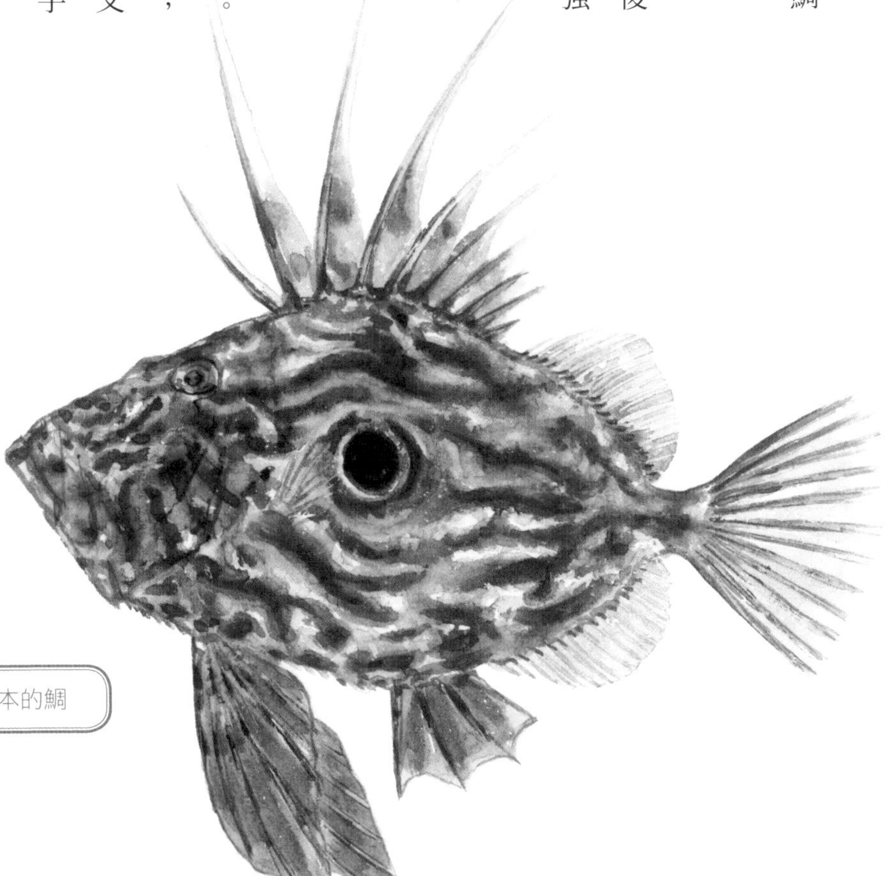

日本的鯛

為什麼叫「的鯛」?因為此魚體側中央有一黑色圓斑，很像射箭的まと（mato），即箭靶的中心，日文漢字稱之「的」。

為什麼又叫「馬頭鯛」?因為此魚嘴巴向前伸展很像馬頭，日文漢字「馬」音讀ま（ma），「頭」音讀と（to）。請注意，馬頭魚不是「馬頭鯛」，馬頭魚的日文是「甘鯛」。

根據《臺灣魚類資料庫》，「日本的鯛」是深海底層小型至中大魚類，最大體長九十公分，分布全球，台灣周邊（東部除外）及澎湖海域都有，常為底拖網捕獲，肉味鮮美。

在台灣，有人認為此魚身上的黑色圓斑很像蓋了印章，故稱之「印章魚」。此外，由於此魚嘴巴很大常在海中偷吃上鉤的赤鯮，故稱之「赤鯮虎」。

# 海味知識小學堂

| 中文名（學名） | 俗名 | 分類 |
| --- | --- | --- |
| 真鯛 (*Pagrus major*) | 嘉鱲魚、正鯛、加臘、加蚋、加魶、加幾魚、銅盆魚、棘鬣魚 | 鱸形目 (Perciformes) 鯛科 (Sparidae) |
| 黃背牙鯛 (*Dentex hypselosomus*) | 赤鯮、赤章 | |
| 紅鋤齒鯛 (*Evynnis cardinalis*) | 血鯛、二長棘犁齒鯛、盤仔、魬鯛、魬仔 | |
| 臺灣棘鯛 (*Acanthopagrus taiwanensis*) | 烏格、黑格、臺灣黑鯛、烏鯮 | |
| 太平洋棘鯛 (*Acanthopagrus pacificus*) | 烏格、烏鯮 | |
| 橘鰭棘鯛 (*Acanthopagrus sivicolus*) | 烏格、橘鰭鯛、黑格、厚唇 | |
| 黑棘鯛 (*Acanthopagrus schlegelii*) | 烏格、黑鯛、黑格、厚唇、烏毛 | |

<table>
<tr><th>中文名（學名）</th><th>俗名</th><th colspan="2">分類</th></tr>
<tr><td>黃鰭棘鯛 (Acanthopagrus latus)</td><td>黃鰭鯛、黃鰭、赤翅仔、花身、鏡鯛</td><td rowspan="8">鱸形目<br>(Perciformes)</td><td rowspan="2">鯛科 (Sparidae)</td></tr>
<tr><td>平鯛 (Rhabdosargus sarba)</td><td>枋頭、邦頭、崩頭、胖頭、班頭、斑頭、香頭、黃錫鯛、金絲鱲</td></tr>
<tr><td>白馬頭魚 (Branchiostegus albus)</td><td>白方頭魚、方頭魚、馬頭、白甘鯛</td><td rowspan="4">弱棘魚科<br>(Malacanthidae)</td></tr>
<tr><td>銀馬頭魚 (Branchiostegus argentatus)</td><td>銀方頭魚、方頭魚、馬頭</td></tr>
<tr><td>斑鰭馬頭魚 (Branchiostegus auratus)</td><td>黃馬頭魚、斑鰭方頭魚、方頭魚、馬頭、黃面馬、黃甘鯛</td></tr>
<tr><td>日本馬頭魚 (Branchiostegus japonicus)</td><td>紅馬頭、方頭魚、日本方頭魚、吧口弄、吧唄、馬頭、紅尾、紅甘鯛</td></tr>
<tr><td>正龍占魚 (Lethrinus haematopterus)</td><td>龍尖、白龍占、紅鰭龍占、連占、紅鰭裸頰鯛</td><td rowspan="2">龍占魚科<br>(Lethrinidae)</td></tr>
<tr><td>青嘴龍占魚 (Lethrinus nebulosus)</td><td>龍尖、青嘴仔、龍占、星斑裸頰鯛</td></tr>
<tr><td>日本的鯛 (Zeus faber)</td><td>海魴、多利魚</td><td>海魴目<br>(Zeiformes)</td><td>的鯛科 (Zeidae)</td></tr>
</table>

# 第2章

# 庶民之魚

# 鰺科

# 01 四破魚是什麼魚？

四破魚在台灣是常見、漁獲量多的魚種，因富含脂肪酸容易氧化變質，所以很早以前就發展了特別的處理方法：下船後隨即用鹽水煮過，再以熟魚販賣。

煮熟的四破魚價格低廉，但煎過後卻鹹香好吃、非常下飯，所以成為很受歡迎的平民美食，今天很多人的飲食記憶中都有四破魚的滋味。

根據中研院《臺灣魚類資料庫》，「鰺科圓鰺屬」的三種魚：藍圓鰺、長身圓鰺、頜圓鰺（細鱗圓鰺），都俗稱四破。但民間有不同看法，很多人認為藍圓鰺是「巴郎」（pa-lang），長身圓鰺才是四破。

四破魚的「四破」（台語音 sì-phuà）是什麼意思？幾年來我問過很多耆老、魚販，都說不知道！有的魚販說：「賣魚幾十年了，就是這樣叫啊！」有的魚販面無表情，我猜他大概想說：「買就買，問那麼多幹什麼？」

有關「四破」之名的由來，常見的說法是：此魚煮熟後，魚身很容易分成兩半，各半的中線再分兩半，一共四半，故稱四破。有人還說，四破應該寫成「四剖」才對。

這樣的解釋無法說服我，因為四破魚體型不大，而且是先在籃子裡疊好再煮熟，整條完整、頭尾也未斷裂，賣相很好，哪來四破？「四剖」的說法也不對，就台語而言，「破」字是對的，「竹仔做四破」就是把竹子剖成四片，而「剖」是華語，台語「剖」只用在解剖的「剖驗」，發音 phò，與「破」發音 phuà 不同。

不過我想到，有些漁家會把四破魚煮熟曬乾做成「四破脯」販賣，在曬四破魚時，小尾的整條曬，較大尾的去頭去骨、剝成兩半、四半曬，就有「四破」的可能，但這樣的解釋似乎太牽強了。

四破（長身圓鰺）

另有人說，「四破」是「死破」，因為此魚平時亂吃東西，死後肚子很快發酵破裂。我聽了，也只能在心中暗念阿彌陀佛。

還有人說，四破魚是世世代代供養貧困家庭的蛋白質來源，這是金剛經「破四相」（我相、人相、眾生相、壽者相）的境界。我對此佛門見解頗有同感，但我雖然感恩 seafood、讚嘆 seafood，卻不認為這與魚名有關。

最後有人說，他小時候吃煎四破魚，父母確實先剝成四半，或許是窮人家庭的關係。對於此說，我就無法評論了。

除了詢問，我也從歷史文獻找答案。台灣在日本時代的《臺日大辭典》（一九三一年）有收錄「四破魚」（sì-phòa-hî）一詞，指一種海魚，日文漢字「鰘鰺」（むろあじ）。我從日本魚貝類圖鑑找到這種魚的學名 Decapterus muroadsi，這是圓鰺屬的魚，但《臺灣魚類資料庫》不見此一魚種。

台灣清代文獻只有《福建通志臺灣府》（康熙、乾隆、道光）提到四破魚：「四破魚，似鰛而無鱗，性嗜火，大武崙至三貂一帶海邊居民，昏夜以二艇，共張一罾，另一小艇持炬引之，群魚望火而來，罾中得魚無數。」

這段話的「鰮」指沙丁魚，「罾」指魚網，描述清代基隆大武崙至新北三貂角的漁民，已懂得利用四破魚的趨光性，在夜晚搭小船出海，點火把張網捕魚。

然而，其他與福建相關的官方文獻，卻都沒有四破魚的紀錄，所以很有可能四破魚是台灣才有的魚名。

另外，清光緒年間《海錯百一錄》記載：「四破魚，似鯉而無鱗，惟喜火光，產臺灣大武崙至三貂一帶，昏夜張罾於船，以小艇燃炬為導，羣魚望火躍入罾中。福州興化海中亦有望火結隊而來，間有飛入棹中，呼之為火魚，以其多也又呼之為夥魚。」

《海錯百一錄》作者郭柏蒼是博物學家，福州人，他這段描述與《福建通志臺灣府》講的一樣，只是多提到福州興化也有這種捕魚方式，但沒有說明四破魚名稱的由來。

台灣北海岸漁民「以火招魚」的傳統漁法，直到今天還有，從火把、磺火（金山產硫黃）演變到強力集魚電燈，除了捕四破魚、青鱗魚，還有鎖管、透抽、軟絲等。

查到這裡，我想或許「四破」不是閩語，而是其他語言的音譯。因此，我又比對早年北台灣原住民馬賽族（Basai）的字彙，結果沒有找到與「四破」諧音的魚名或其他用字。

即使如此，我還是常買不知魚名由來但非常美味的四破魚，準備好白米飯，先怒煎！再怒吃！

## 02

# 大眼窩的目孔

台灣市場上常見小型的鰺科（Carangidae）魚類，台語俗名包括「硬尾」（ngē-bué）、「四破」（sì-phuà）、「巴郎」（pa-lang）、「目孔」（bák-khóng）等，外表長得很像，在台灣各地的名稱有點混亂。

綜合各方看法，硬尾主要指日本竹筴魚（*Trachurus japonicus*），巴郎主要指藍圓鰺（*Decapterus maruadsi*），四破主要指長身圓鰺（*Decapterus macrosoma*），目孔主要指金帶細鰺（*Selaroides leptolepis*）。

在這些小型鰺魚中，目孔較少見，但並不難認，因為其眼窩相對較大，這是命名由來。目孔的魚身較寬而扁，最大體長二十二公分，體側中間有條一金黃色縱帶，鰓蓋後緣上方有一塊黑斑。目孔的尾部雖然也有硬鱗，但不像硬尾那麼明顯粗大。

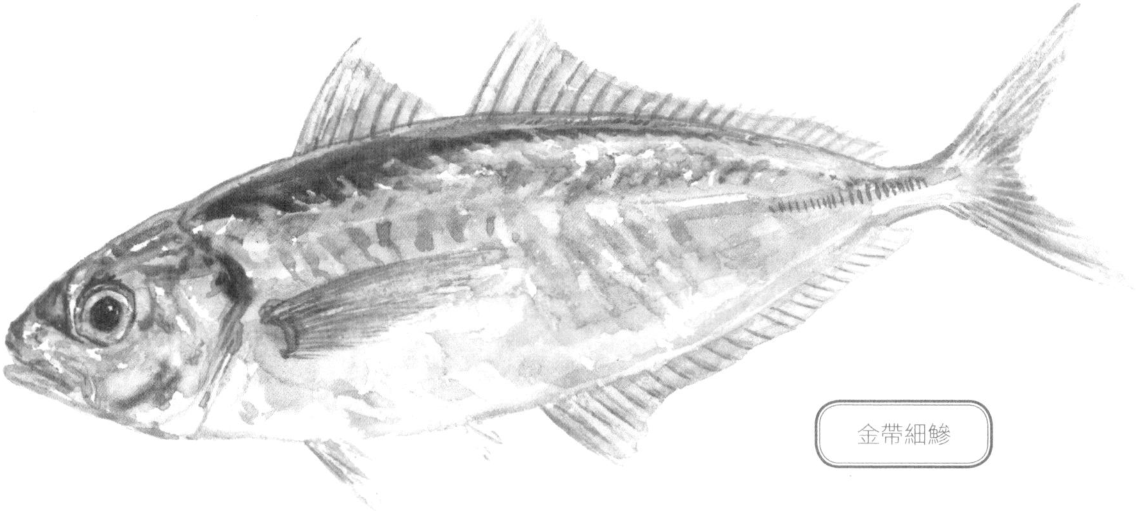

金帶細鰺

在澎湖，目孔又稱「榕葉」（榕音 tshîng），可能以其形狀得名？

此外，脂眼凹肩鰺（*Selar crumenophthalmus*，最大體長七十公分）、遊鰭葉鰺（*Atule mate*，最大體長二十六公分）被稱為「大目孔」（tuā-ba̍k-khóng）。

根據中研院《臺灣魚類資料庫》，台灣有一種淡水魚也叫目孔，即鯉科的大眼華鯿（*Sinibrama macrops*）。

教育部《臺灣閩南語常用詞辭典》有「大目孔」（tuā-ba̍k-khóng）一詞，比喻人的勢利眼，或指人不嫌多的個性。

日本時代的《臺日大辭典》收錄「目孔」（ba̍k-khang）一詞，指眼窩。《臺灣閩南語常用詞辭典》的用字是「目空」（ba̍k-khang），並收錄「目空赤」（ba̍k-khang-tshiah），指人眼紅、嫉妒。

台語「孔」有不同發音，除了與「空」同義、同音 khang 之外，魚類「目孔」音 ba̍k-khóng，貝類「九孔」音 káu-kháng。

## 03 以一夜干聞名的竹筴魚

竹筴魚本來在台灣不算名貴的魚，因日本「真鰺」、「一夜干」夙負盛名，所以知名度很高，但一般人常無法分辨竹筴魚，也不知道為什麼以「竹筴」為魚名？

根據中研院《臺灣魚類資料庫》，「鰺科竹筴魚屬」在西北太平洋只有一種，中文名「日本竹筴魚」。這也就是說，在台灣只有一種魚能夠稱為竹筴魚。

但竹筴魚的台語俗名有「巴郎」（pa-lang）、「硬尾」（ngē-bué）、「四破」（sì-phuà）等。「巴郎」有「巴攏」、「巴弄」等諧音用詞，目前教育部《臺灣閩南語常用詞辭典》使用「巴郎」。

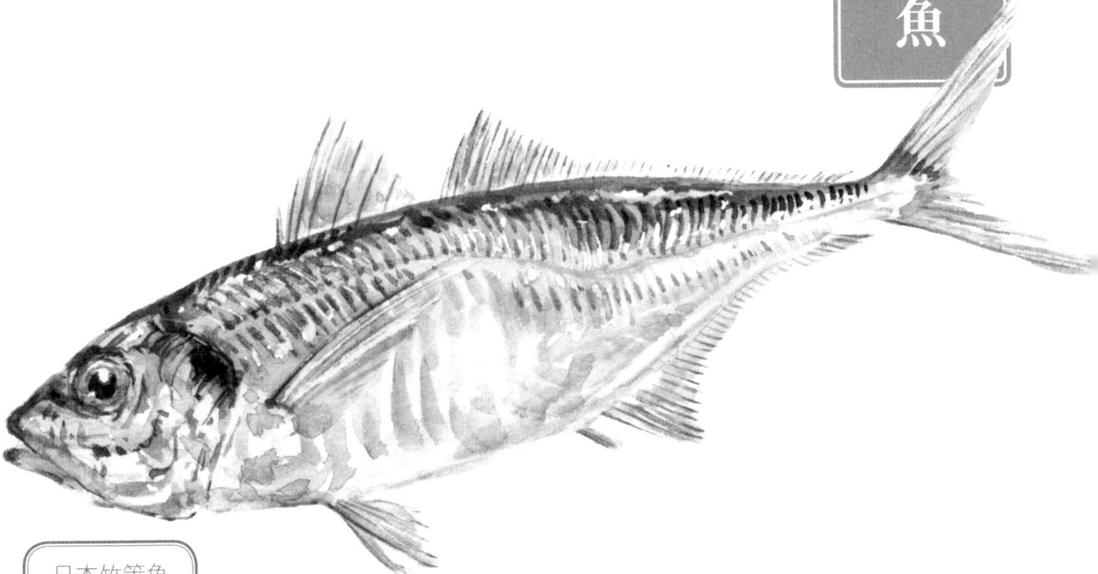

日本竹筴魚

然而，「巴郎」、「硬尾」、「四破」卻也被用來稱呼「鰺科圓鰺屬」的魚，由於有點混亂，而且各地稱呼不同，在此暫且不談。

何謂「鰺」？這是日文魚名アジ（aji）借用的漢字，就是台灣所稱的日本竹筴魚，日文也稱之マアジ（māji），漢字「真鰺」。

日文アジ（あじ，aji）的音，正是漢字「味」的訓讀音，所以アジ的本意就是美味的魚。為什麼日文アジ的漢字會選用「鰺」呢？主要有以下三種說法：

一、「鰺」是魚邊加「參」（叁），因為アジ在農曆三月（陽曆五月）盛產而美味。

二、アジ好吃到讓人想「參」（參拜）。

三、「鰺」的「參」是「喿」被寫錯了，正字是「鱢」。「鱢」在中文指魚腥味。

何謂「竹筴魚」？這是中文名，注音ㄓㄨˊ ㄐㄧㄚˊ ㄩˊ，此一名詞出自中國學者杜亞泉（一八七三至一九三三）主編的《動物學辭典》（一九一七年）。根據《漢典》的說法，一般「筴」字的注音不是ㄐㄧㄚˊ而是ㄘㄜˋ，同「策」；不過《集韻》指「筴」也可念ㄐㄧㄚˊ，就是箸（筷子）的意思。

以此來看，或許當初以此魚好像被一雙竹筷夾住而命名。根據《臺灣魚類資料庫》，竹筴魚屬的重要特徵就是：「側線上全被稜鱗，稜鱗高而強。」

但現在中國大陸的用字卻是艸（草）字頭的「竹莢魚」。「莢」（注音ㄐㄧㄚˊ）指果皮成對稱的兩片，如果以此來看竹筴魚兩側尾端有明顯的硬鱗片（這是硬尾之名由來），或有道理。

台灣在日本時代的《臺日大辭典》（一九三一年）中，日文「鰺」（あじ）對應的台語音是pa-lang，台語漢字「吧鯽」。由此可見，台語在日本時代就稱竹筴魚為pa-lang，但沒有解釋名稱的由來。

在圓鰺屬的魚中，藍圓鰺因長得較像竹筴魚，所以被稱「青竹筴」，台語俗名也叫pa-lang。

有句形容竹筴魚美味的台語俗語：「巴郎好食毋分翁」，意思是巴郎好吃到連丈夫都不肯分給他吃，這是台語對「巴郎」的致敬。

日本人以竹筴魚做成「一夜干し」（ichiyaboshi），在日本是一夜干類的極品。一夜干是日本人保存漁獲、增添美味的做法，顧名思義就是只有「一夜的乾燥」，所以不是做成鹹魚，也不是以重鹽、日曬、風乾做成魚乾，而是要讓魚因減少了水分而濃縮了肉汁，吃起來特別鹹香甘美。

一夜干的做法，是把新鮮的魚刮鱗、清理鰓與內臟後，從背部剖開而腹部相連。我曾好奇問過日本人，可以從腹部剖開背部相連嗎？結果日本人說不行，因為「切腹」是日本武士的專利和榮耀。

不過很多人說，在日本也常看見「剖腹」的一夜干。

# 03 紅甘、青甘，滋味甘甜？

「紅甘」、「青甘」是台灣食用魚常見的俗名，由於混稱了台灣和日本的魚種，所以常會弄不清楚，而且中文學名稱之「鰤」，到底「甘」、「鰤」是什麼意思？

根據中研院《臺灣魚類資料庫》：鰺科鰤屬的「杜氏鰤」，又稱高體鰤，俗稱紅甘；「長鰭鰤」俗稱油甘、扁甘、柴甘；另外帶鰺屬的「雙帶鰺」，又稱紡綞鰤，俗稱青甘、拉崙。

台灣的杜氏鰤（紅甘）是日文所稱的「間八」（カンパチ，kanpachi），台灣的長鰭鰤是日文所稱的「長鰭間八」（ヒレナガカンパチ，hirenaga-kanpachi）。日文以漢字「間八」為魚名，因為從魚的上方看，左右各有一條從嘴巴通過眼球到達尾部的黃線，好像兩眼之間有一個「八」字（日文「八」字與中文相同）。

日本海域的「鰤」（ブリ，buri，學名 *Seriola quinqueradiata*），以及台灣北方海域冬季偶爾捕獲的「平政」（ヒラマサ，hiramasa，學名 *Seriola lalandi*，英文名 Yellowtail），台灣

俗名都稱之「青甘」，在日本屬高級魚種。

日本的「鰤」，因油脂多而鮮美，被視為一等好魚。但這種魚隨成長階段而有不同的名字，例如「稚鰤」（ワラサ，warasa），直到完全成熟、體長約一公尺以上才能稱為「鰤」（ブリ，buri）。冬季的「寒鰤」（カンブリ，kanburi），更被視為上品的「旬の魚」。

日文借用漢字「鰤」為魚名，有其特別含義。在中文，「師」有老的意思，《康熙字典》引用宋《集韻》指「鰤」是老魚。在日本則有「出世魚」的說法，日文「出世」有晉升之意，或類似中文稱學徒學藝期滿為「出師」，鰤魚就是從小魚歷經成長才晉升為「鰤」，成為著名的出世魚之一。

同一種魚，依大中小而有不同的魚名，台語魚名沒有這種用法，但一般會加「筍」字來稱呼

紅甘

小魚，例如小的紅甘叫「紅甘筍」，小的花飛（鯖魚）叫「花飛筍」。

台語所稱的紅甘、青甘，紅、青指魚體顏色偏紅或偏綠，那麼「甘」是什麼意思呢？

由於清代台灣方志沒有「甘」字的魚名，只有「魽」。但《漢典》說：「蚶，或作魽，蛤也。」甘為霖《廈門音新字典》（一九一三年）也說魽即蚶，像蟯、蚌之類。

所以我曾想，日文稱紅甘為「間八」（カンパチ，kanpachi），「甘」（台語音 kam）會不會源自日語「間」（kan）？

不過，查了日本時代的《日臺大辭典》（一九〇七年），雖然找不到日文「間八」對應的台語魚名，但找到日文「鰤」的台語魚名「青甘魚」。再查《臺日大辭典》（一九三一年），台語的「魽魚」、「鯖甘」都對應日文「鰤」。

由此可見，日本時代台語的「甘」、「魽」，已用來指青甘的魚名。所以，清《噶瑪蘭廳志》：「魽，一名青魽，長可尺餘」，就有可能指青甘。

最後，我找到福建泉州《晉江縣志》：「青鮫，狀如馬鮫，土人呼為青甘。」比對青甘與馬鮫，體型確實有點像，而晉江當地人已有「青甘」的魚名。不過，為何以「甘」為名？還是沒有答案。

有人說紅甘可能因甘甜好吃而稱「甘」，但很多魚也都甘甜好吃啊！何況還有青甘。台灣熱帶、亞熱帶海域的雙帶鰺（紡錘鰤），俗稱青甘、拉崙，味道和身價就不如紅甘了。

對台灣人來說，紅甘比青甘常見，目前教育部《臺灣閩南語常用詞辭典》也只收錄「紅魽」（âng-kam），不知為何清代方志和日本時代辭典都沒有「紅甘」？

紅甘最大體長可達一百九十公分，在台灣早年是高級魚種，後來野生大紅甘日漸減少，市面上看到的大都是體型較小的養殖紅甘。

# 海味知識小學堂

| 中文名（學名） | 俗名 | 分類 |
| --- | --- | --- |
| 藍圓鰺 (*Decapterus maruadsi*) | 巴弄、四破、甘廣、廣仔、硬尾、紅背圓鰺 | 鱸形目 (Perciformes) 鰺科 (Carangidae) |
| 長身圓鰺 (*Decapterus macrosoma*) | 四破、長鰺、長體圓鰺、肉溫仔 | |
| 領圓鰺 (*Decapterus macarellus*) | 拉洋圓鰺、紅赤尾、四破、細鱗圓鰺 | |
| 日本竹筴魚 (*Trachurus japonicus*) | 真鰺、瓜仔魚、竹莢魚、竹筴魚、巴郎、黑毛 | |
| 杜氏鰤 (*Seriola dumerili*) | 紅甘鰺、紅甘、高體鰤 | |
| 長鰭鰤 (*Seriola rivoliana*) | 黃尾鰺、油甘、扁甘、柴鮪 | |

| 中文名（學名） | 俗名 | 分類 |
| --- | --- | --- |
| 雙帶鰺 (*Elagatis bipinnulata*) | 青甘、拉崙、海草、紡縺鰤 | 鱸形目 (Perciformes) 鰺科 (Carangidae) |
| 金帶細鰺 (*Selaroides leptolepis*) | 目孔、榕葉 | |
| 脂眼凹肩鰺 (*Selar crumenophthalmus*) | 大目孔 | |
| 遊鰭葉鰺 (*Atule mate*) | 大目孔 | |
| 大眼華鯿 (*Sinibrama macrops*) | 目孔 | 鯉形目 (Cypriniformes) 鯉科 (Cyprinidae) |

第3章

# 鯖科

## 青色的游泳健將

# 01

# 馬鮫還是土魠？

鯖科馬加鰆屬之下的魚種，台語俗稱「馬鮫」、「塗魠」、「白腹」、「闊腹」、「梳齒」等，常讓人弄不清楚。還有，為什麼以「馬加鰆」為中文屬名？

先談「馬加鰆」，馬加就是馬鮫，所以台灣的「馬加鰆屬」在中國大陸稱「馬鮫屬」。馬鮫在福建方志也寫成「鰢鮫」，這是福建和台灣居民比較熟悉的魚，兩地方志的描述大概是：「身圓而狹長，青黑色，青斑色，無鱗，有齒，骨軟」，並常以馬鮫來形容其他的魚，例如：「似鰢鮫而身圓」、「形如馬鮫而身稍闊」、「形類馬鮫而大」等。

「鰆」本是中國古魚名，宋《集韻》說是海魚名，但已不可考。日文則借用「鰆」來指稱日本一種叫サワラ（sawara）的魚，所以台灣中文名「馬加鰆屬」

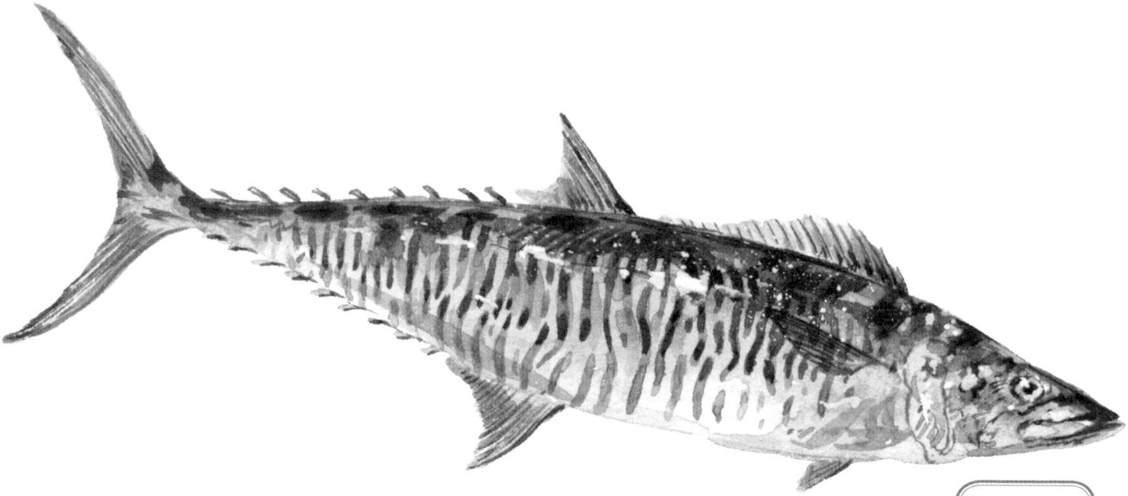

土魠

的日文名就是「サワラ屬」（鰆屬）。

日文為什麼借用漢字「鰆」來作為魚名呢？因為此魚只生於關西瀨戶內海，春天時進入岡山縣瀨戶內市海域產卵，此時最肥美也被捕撈最多，故以「魚」＋「春」稱之「鰆」。

根據中研院《臺灣魚類資料庫》所載，台灣馬加鰆屬共有五種魚，其學名、中文名、俗名如下：

- 日本馬加鰆：台語俗稱正馬加（鮫）、尖頭馬加、白北（腹）等，日文稱之サワラ（sawara），並使用「鰆」、「狹腹」、「小腹」、「馬鮫魚」等漢字名。
- 康氏馬加鰆：台語俗稱塗魠、土魠、頭魠、鮀魠、馬加（鮫）等。塗魠英文俗名 Narrow barred Spanish mackerel，日文名ヨコシマサワラ（yokoshimasawara），日文漢字「橫縞鰆」，「橫縞」即橫條紋。塗魠成魚體側有五十至六十條波形黑色橫帶，與其他馬加鰆有所區別。
- 臺灣馬加鰆：台語俗稱白北（腹）、白腹仔等。
- 高麗馬加鰆：台語俗稱闊腹等。
- 中華馬加鰆：台語俗稱梳齒、馬加（鮫）、大耳等。

由於台灣各地對魚的俗稱有所不同，以上五種馬加鰆就有三種俗稱馬鮫、兩種俗稱白腹，難怪會讓人搞混。

所謂「台灣好魚排行榜」如下：「一午二紅沙，三鯧四馬鮫，五鯢六嘉鱲，七赤鯮八馬頭，九春子十烏喉。」馬鮫排名第四，很多人不以為然，認為塗魠比馬鮫好吃很多。連橫《臺灣通史》（一九二〇年）也說：「馬鮫，狀如鮀魠略小，味遜。」事實上，排行榜中的馬鮫也可以說是塗魠，因為塗魠也是馬加鰆屬（馬鮫屬）。

在台灣清代方志，塗魠是一等好魚。清乾隆台灣官員朱景英（湖南人）所著《海東札記》（一七七二年）說：「澎湖產塗魠魚，魚無鱗，狀類馬鮫而大，重者二、三十斤，肥澤薌甘，海外魚味之絕。」

連橫《臺灣通史》說：「鮀魠，為海魚之最佳者。重十餘斤，皮潤微黑，身無鱗刺，僅一脊骨，骨亦脆。肉美味甘，作膾尤好。每冬初則至，晚春始稀。然唯臺南、澎湖有之，他處未見。」

《廈英大辭典》（一八七三年）也收錄魚名「魠」：thó-thuh,thó-thoh, a good sort of fish, somewhat like the "bé-ka," said to come from Formosa. 意思是說：塗魠是一種好魚，頗似馬鮫，來自台灣。

由此可見，清代台灣生產的塗魠還銷往福建，此一說法符合台灣方志記載：

《諸羅縣志》（一七一七年）：「塗鮀，形類馬鮫而大，重者二十餘斤，無鱗，味甚美。自十月至清明，漁者多獲之，醃入內地。」

《澎湖廳志》（一八七八年）：「塗魠，黑色無鱗，重者四、五十斤。初冬出，仲春止，味甚甘美，以草繩密紮，鹹之載販內地。」

根據中研院台史所翁佳音考證，十七世紀荷蘭統治台灣時期，荷蘭文獻記載南台灣海域的大宗漁獲「國王魚」（荷蘭文 Koningvis, Coningvis，英文 Kingfish），指的就是塗魠，其獲利可能不下於烏魚。

由於當季肥大的塗魠非常美味，所以台灣早年有台語俗語「白腹仔假塗魠」、「石橋仔假塗魠」的說法。「石橋」是鯖科「棘鰆」的俗稱，也稱「塗魠舅」，台語「舅」常用來指外表類似的植物和動物。

最後來談各種俗名由來。「馬鮫」是老魚名，「白腹」、「闊腹」可望文生義。「梳齒」（梳台語音 se/sue）就是齒如梳子、不密集的意思，馬加鰆的特徵之一是「齒強大，排列稀疏」，所以「疏齒」、「稀齒」、「西齒」都是錯字。

「塗魠」有很多諧音字，本文使用「塗魠」有所根據，目前教育部《臺灣閩南語常用詞辭典》也使用「塗魠」（音 thôo-thoh 或 thôo-thuh）。

《漢典》對「魠」的解釋：「古書上說的一種口大的魚。」東漢許慎《說文解字》：「魠，哆口魚也。」清段玉裁《說文解字注》：「哆者，張口也。」以此來看，「魠」字算是符合《臺灣魚類資料庫》對「塗魠」的描述：大嘴利牙、性情凶猛、游泳敏捷，捕食小型群游魚類和甲殼類。

《臺灣府志》（一六八五年）：「泥鱝魚，形頗似馬鮫而大，味則尤甘。」這個「鱝」字，在《康熙字典》找不到，但《廈門音新字典》（一九一三年）指「鱝」字的音義與「魠」相同，發音有 thuh, thok, thoh。《澎湖廳志》也說「泥鱝」、「泥魠」即塗魠。《臺日大辭典》（一九三一年）則寫成「土鱝」（thô-thuh／thô-thoh／thô-thih）。

《臺灣府志》之後的台灣方志大都寫成「塗魠」。「土魠」的寫法有誤，因「土」的台語發音是上聲 thóo，而不是陽平聲 thôo，「塗」的台語發音才是 thôo。

## 02 鰹魚為什麼叫煙仔？

鰹魚的台語叫「煙仔」（ian-á），日本時代《臺日大辭典》（一九三一年）就有收錄「煙仔」、「煙仔魚」的用詞，但何謂「煙仔」？已是百年之謎。

根據中研院《臺灣魚類資料庫》，台灣「鯖科」魚類俗稱「煙仔」的有三種：扁花鰹、巴鰹、正鰹，另有一種俗稱「煙管仔」（ian-kóng-á）的圓花鰹。

此外，根據《台語文／中文辭典》，正鰹還有「煙仔槌」（ian-á-thuî）、「煙槌仔」（ian-thuî-á）的俗名。

正鰹也俗稱「煙仔虎」，但「煙仔虎」較常用來指鯖科的東方齒鰆（Sarda orientalis）。在台語用法，「煙仔虎」就是體型較大、常會捕食「煙仔」的魚，所以追捕「飛烏」（飛魚）的鬼頭刀也被稱為「飛烏虎」。

不過，我提出另一個看法：煙仔虎與煙仔（正鰹）外表很像，大小也差不多，兩者最大的不同是身上的條紋，煙仔虎的橫紋在背部，煙仔的橫紋在腹部。此外，煙仔虎的牙齒比煙仔粗疏而尖利，故又名「疏齒煙」，或許這也是「虎」名的由來。

所以，不管叫「煙仔」、「煙管仔」、「煙仔槌」、「煙槌仔」、「煙仔虎」，關鍵在「煙仔」，為什麼叫「煙仔」？

網路上常見的說法：鰹魚魚群快速游動，身上的條紋好像「水中煙」。我想這是望文生義的說法，因為有條紋的魚很多，條紋也不是鰹魚的特徵。

另有澎湖朋友說，當用手摸過「煙仔」的魚身時，魚皮上那層銀白色的物質會剝落，就叫做「煙」，我問：摸一下真的會像「煙垢」一樣剝落嗎？澎湖朋友答：如果魚不新鮮就會這樣。

因為在語言上沒有滿意的答案，所以我轉往歷史探索。鯖魚、鰹魚、鮪魚、旗魚都是黑潮常見魚種，也都是在日本時代才發展較有規模的捕撈漁業，尤其在東海岸有很多以鰹魚製作柴魚的工廠，所以我開始從日文思考「煙仔」的語源。

鰹魚的日文假名「カツオ」（katsuo），日文漢字「鰹」。以鰹魚做成柴魚是日本的傳統食物，柴魚整支未削稱之「鰹節」，削成大片的稱之「削鰹」，較碎的稱之「花鰹」。由於柴魚是堅硬的乾物，所以日文以漢字「魚」＋「堅」命名「鰹」。日文漢字「鰹」取自中國，但中國古代的「鰹」字，今天只見魚名而不知其魚。

為什麼用鰹魚做成柴魚？因為鰹魚味腥而易腐，做成柴魚不但變得美味，而且可以保存，這是日本飲食文化的智慧。

我想到日文的「鰹」，訓讀かつお（katsuo），音讀けん（ken），發音有點像台語的「煙」

煙仔（正鰹）
鉛管仔

（ian），所以「煙仔」有沒有可能源自日文「鰹」的音讀けん呢？

另外，我閱讀日本傳統製作柴魚的方法，是把鰹魚洗淨切塊之後，就燒木頭以煙燻來蒸發魚塊的水分，為期半個月以上。所以，煙燻可說是製作柴魚最重要的過程。

咦？煙燻的台語不是就叫「煙」嗎？例如基隆有名的「鯊魚煙」。因此我推測，因為鰹魚做成柴魚需要煙燻，所以才稱鰹魚為「煙仔」！

我覺得這推論合理，中研院台史所翁佳音也幫我找到一筆資料：日本時代台南稱鰹魚為「火烟魚」（烟通煙）。

我把我的推論放在臉書公開討論，台南「滿源魚舖」店主、釣魚達人劉祖源留言說，「煙仔」是鉛灰色，「煙」比較像是用來形容顏色，本字是「鉛」。

從「鉛」（台語音 iân）來思考「煙」，我認為比一般說法較有說服力。不管如何，我繼續從歷史文獻探索，仔細閱讀台灣和福建的方志。

鯖科的四大家族：鯖、鰆、鰹、鮪，長得很像，先民對鰆魚解較多，稱之馬鮫（bé-ka），福建方志也寫成「鰢鮫」。鯖科馬加鰆屬包括馬鮫、塗魠、白腹等，但各地稱呼不同。

結果，我在福建泉州《晉江縣志》找到一筆重要資料：「鰢鮫，青斑色，無鱗有齒，又名章魭。又一種似鰢鮫而身圓，多食令人發暈，名曰鉛錘。」

這段話是說：有一種跟馬鮫長得很像但體型較圓的魚，吃多了會頭暈，因為很像船上使用的「鉛錘」（iân-thûi），所以就以此來稱呼這種魚。

嘿！似馬鮫而身圓，這很像在講鰹魚啊！根據《臺灣魚類資料庫》描述鰹魚的特徵：「體紡錘形，橫切面近圓形」，確實很像紡錘形的鉛錘。台語「鉛錘」又叫「鉛仔錘」（iân-á-thûi）、「鉛錘仔」（iân -thûi-á）。

另外，翁佳音提出他對「鉛錘」的理解：清代福建和台灣方志中記載：「用鉛錘試水深淺，繩六、七十丈」，就是以「鉛錘」來測量水深，約有兩百公尺深。由此可見，這種「鉛錘」不會太小，愈大就愈像鰹魚。

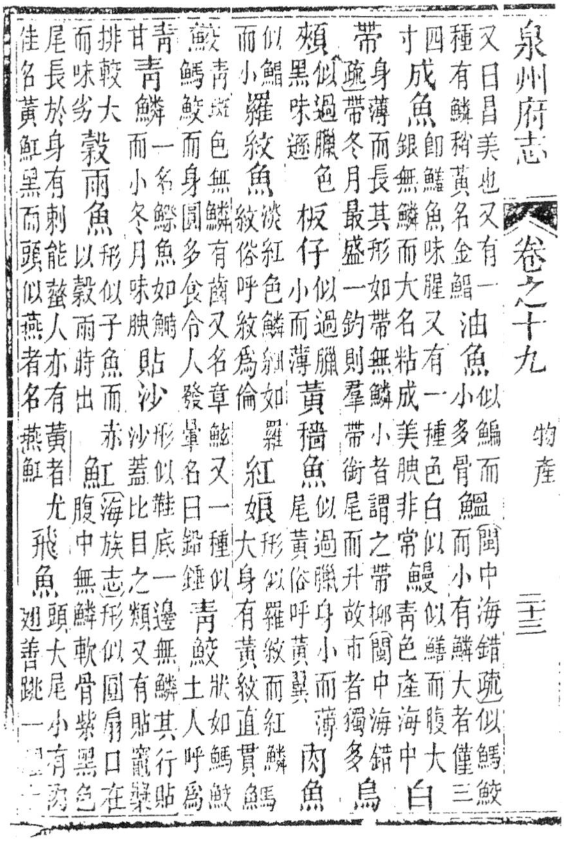

泉州府志 卷之十九 物產 三十三
又日昌美也又有一 油魚 似鯿而鰛閩中海錯疏似鰢鮫
種有鱗稍黃名金鯧 小多骨而小有鱗大者僅三
四有鱗即鯧魚味腥又有一種色白似鰻似鰆而腹大 白
寸 成魚 銀無鱗而大名粘成美腴非常鰻青色產海中
身薄而長其形如帶名無鱗小者謂之帶鄉閩中海錯 鳥
帶 疏帶冬月最盛一釣則羣帶銜尾而升故市者獨多
似過臘色 似過臘身小而薄 肉魚
頰 黑味遜 板仔 小而薄 黃檣魚 尾似過臘黃俗呼黃翼
似鯧淡紅色鱗細如羅 形似羅紋而紅鱗鰢
而小 羅紋魚 紋俗呼紋為倫 紅娘 大身有黃紋直貫
青斑色無鱗有齒又名章魮又一種似 青鮫 狀如鰢
鮫 鰢鮫而身圓多食令人發暈名曰鉛錘 土人呼為鮫
青 一名鰶魚如鯽形似鞋底一邊無鱗其行貼
甘 青鱗 而小冬月味腴 貼沙 沙蓋比目之類又有貼窴舉
排較大 形似子魚而 赤魟 海族志形似團扇口在
而味劣 穀雨魚 以穀雨時出 腹中無鱗軟骨紫黑色
尾長於身有刺能螫人亦有黃者 尤 頭大尾小有齒
佳名黃魟黑而頭似燕者名燕魟 飛魚 翅善跳一

乾隆《泉州府志》卷之十九也提到「名日鉛錘」。（倒數第四欄）

因此，如果先民以鰹魚長得很像鉛錘的形狀和顏色來命名，就非常合理，稱之「鉛錘」，也說成「鉛仔錘」、「鉛錘仔」，再簡化為「鉛仔」。這也解釋了上述正鰹的俗名「煙仔槌」、「煙槌仔」，以及圓花鰹因體型比其他鰹魚長而被稱為「煙管仔」。

至於台語「鉛」（iân）發音與「煙」（ian）不同，那是屬於台語正常變調的問題。例如「牛」音 gû、「水牛」音 tsuí-gû，但「牛肉」音 gu-bah，本調 gû 自然變調為 gu。

《晉江縣志》說此魚「多食令人發暈」，也是有力的佐證。吃多鰹魚會「發暈」，這是一般所說的「鯖魚中毒」，泛指食用鯖科魚類如鰹魚、鮪魚等所造成的中毒反應。

鯖科魚類因容易腐敗，魚體內的組胺酸（Histidine）會轉化為組織胺（Histamine）等毒素，而且不因烹煮而揮發。患者吃的魚肉中含有高量組織胺所引起的「組織胺中毒症」，主要症狀是皮膚潮紅、頭暈頭痛，有如酒醉心悸。

最後，我從中研院《臺灣文獻叢刊資料庫》在《淡水廳志》、《澎湖廳志》、《苗栗縣志》找到「鳶錘」一詞，但都只有魚名而沒有注解。

「鳶」的台語發音與「鉛」一樣都是 iân，「鳶尾草」（iân-bé-chháu）的根莖可做藥用。由此可見，當時先民已經不知原鄉魚名「鉛錘」的原意，才寫成發音相同的「鳶錘」。

結論：從「鉛錘」、「鳶錘」到「煙槌」，發音不變，但「煙槌」變成不知所云，「煙仔」

更是眾說紛紜。追本溯源，「煙仔」源自「鉛錘」、「鉛仔錘」的「鉛仔」。

雖然台灣捕撈的鰹魚大都做成柴魚和罐頭，但有句台語俗語：「四月煙，免油煎」，農曆四月的鰹魚最肥嫩，所以可買生鮮的鰹魚煎來吃。

台語對鰹魚的另一個俗稱「卓鯤」（也寫成卓鯑、倒鯤、倒滾），看來只是發音，似乎無從考證，但我終於找到推測的答案，僅供參考。

我首先找與「卓鯤」諧音的名詞，在《臺日大辭典》看到「桌裙」（toh-kûn）詞條，旁邊有一發音相同的詞條「桌 kûn」，指的是鰹，原典的漢字是「桌鯑」。哇！原來這部日本時代的台語辭典收錄了鰹的台語俗名。

以此來看，《臺日大辭典》記錄了toh-kûn的音，但不知是否與「桌裙」有關？所以使用了「桌鯑」的字。根據《康熙字典》，「鯑」指水鯑，一種似魚的蟲，看來與「桌」無關。

我假設鰹魚與桌裙有關，展開研究。桌裙指桌巾垂在桌面下的部分，或是圍在桌前的布幔，一般都有垂直而寬的條紋，類似百摺裙。

正鰹身上也有條紋，但我們看到腹部有橫的條紋，並不是直的條紋。

但我在查看日文資料時，發現鰹在驚嚇狀態下魚身會出現「縱縞」，這也就是說，這種魚剛被釣到或抓到還活著時，身上會有垂直條紋，死後才轉為水平條紋。

我也找到對比的照片，顯示鰹身上「縱縞」和「橫縞」的變化。這是鰹的一大特徵，日文資料都會特別強調，但在台灣我沒聽到有人講過。

古早時代，當台灣漁民剛捕到鰹魚時，會不會覺得魚身上的垂直條紋很像桌裙呢？或許這就是命名的由來。

# 03 鮪魚為什麼叫串仔？

鮪魚的台語叫「串仔」（tshǹg-á），所以體型最大的黑鮪魚叫「烏甕串」（oo-àng-tshǹg），與鮪魚同屬鯖科的鰹魚也被稱「小串仔」（sió-tshǹg-á）。

根據教育部《臺灣閩南語常用詞辭典》，台語「串」大都念 tshuàn，例如：客串、串通、串聯、一連串。台語「串」念 tshǹg，只用在計算成串物品的單位，例如：一串珠仔。

台語為什麼會用「串」（tshǹg）來稱呼鮪魚，在音與義上都難以理解。

在探索「串仔」之前，先來談「鮪」。「鮪」本是中國古代的魚名，《漢典》說「鮪」在古代指鱘魚，看來是淡水的鱘魚。

台灣清代文獻以「鮪」指稱魚類，只在清光緒十七年（一八九一年）福建補用臺南府知府唐贊袞所撰《臺陽見聞錄》（臺陽即臺灣別稱），書中提到龍山寺（應該是台南龍山寺）前的放生池，池內多種魚之中就有鮪。由此可見，台灣以前的鮪指淡水魚類。

但是，日本人向中國借用的漢字「鮪」，卻用來指海中的鮪魚，即「鯖科」下「鮪族」的「鮪屬」，日文寫成「サバ科マグロ族マグロ屬」，マグロ（maguro）的漢字就是「鮪」。在分類學上，「族」的英文是 tribe，介於亞科、屬之間的分類。

拉丁學名 Thunnini 的日文名有兩種寫法，一是根據日文鮪魚的「マグロ」，一是根據英文鮪魚 Tuna 的「ツナ」。我講這個是要說，日文對鮪魚除了有自己本來就有的用詞マグロ，也會使用音譯英文 Tuna 的ツナ，這有助於我後來找到「串仔」可能的語源。

我先做個小結：目前台灣中文的「鮪魚」（ㄨㄟˇ ㄩˊ）是引用日文マグロ的漢字「鮪」，但中國大陸稱鮪魚為「金槍魚」，在廣東、香港則以英文 Tuna 音譯稱鮪魚為「吞拿魚」。

現在回到「串仔」的問題。台灣在日本時代才引進捕鮪漁業，這也就是說，台灣可能在日本時代才開始有對鮪魚的稱呼。

然後，我跟長期在日本讀書、工作的女兒曹天晴談鮪魚時，她跟我說，英語鮪魚 Tuna，日本人念「ツナ」，因日本人一般把 t 的音念成 ts，所以會把 Tuna 念成 Tsuna。

大家可以把「ツナ」貼到《Google 翻譯》念念看，Tsuna 的發音跟台語「串仔」（tshǹg-á）非常接近。

據此，我大膽推論，台語「串仔」可能源自日本人念英語 Tuna 的口音 Tsuna！

根據日本時代的《臺日大辭典》（一九三一年），台語沒有「鮪」字，但已有「串仔」、「串仔魚」、「暗串」的用法。目前《臺灣閩南語常用詞辭典》也沒有「鮪」字。

根據中研院《臺灣魚類資料庫》，台灣有五種「鮪屬」，都有台語「串」的俗名。

• 長鰭鮪：串仔（台東）、長鰭串、白肉串、長鬚𩶘串。
• 黃鰭鮪：串仔、𩶘串、黃鰭串（澎湖）。
• 大目鮪：串仔（澎湖）、大目串。
• 太平洋黑鮪：烏串、烏𩶘串。
• 長腰鮪：串仔、烏鰭串。

我把這篇文在臉書發表，台語文專家許嘉勇回應：他曾特別去漳、泉、廈問過鮪魚怎麼講？結果他們都沒有講 tshǹg-á 或是 tshuìnn-á。

但台語文專家潘科元指出，日本時代「日臺大辭典」（一九〇七年）就有日語マグロ對應的台語「暗串」（àm-tshǹg），當時日語也尚未收錄音譯自英語 Tuna 的ツナ作為外來語。

以此來看，台語稱鮪魚「暗串」應該與日語無關，「烏𩶘串」應該寫成「烏暗串」。那麼，「暗串」又是什麼意思呢？

我希望能夠找到「暗串」、「串仔」魚名的由來，但不排除英語 Tuna 可能在日本時代之前就傳入台灣，可能是「串仔」的語源。

# 04
# 鯖魚為什麼叫花飛？

我幾年前開始探索花飛之名由來，一直苦無所獲，結果半夜在Line與中研院台史所翁佳音討論，竟然從百年前蘇格蘭籍長老教會牧師甘為霖所編《廈門音新字典》（一九一三年）找到線索，並推論可能的答案。

黑潮獻花飛，鯖魚是台灣最大的漁獲，不論生煮或做成罐頭、鹹魚，提供庶民廉價又美味的高蛋白食物。但花飛之名從何而來？卻無從知曉。

有人望文生義推測：花飛＝花紋花斑＋游泳如飛，但鯖魚的俗名還有花輝、青飛、青輝等。花或可解，但飛、輝是什麼？

根據中研院《臺灣魚類資料庫》，台灣常見的鯖魚有兩種，主要是「花腹鯖」，又稱澳洲鯖，另一種是「白腹鯖」，又稱日本鯖。

我的大方向是先從「花飛」是台語命名著手，如果沒有答案，再往「花飛」是其他語言的音譯去尋找。

在各種字典找不到答案後，我隨即轉而查看台灣的清代方志，雖然提到「青魚」，但沒有解釋，也可能指鯡科的小魚「青鱗」。結果，我只在《噶瑪蘭廳志》（一八五二）「鱗之屬」

之「無鱗」的魚類中找到「花輝」，但就只有這兩個字，沒有解釋。

為什麼只有宜蘭的方志記載「花輝」？或許宜蘭盛產鯖魚，可以理解，但為什麼不加說明呢？

我查了《噶瑪蘭廳志》總纂人陳淑均是福建泉州晉江人，於是我再往福建各府、縣的方志去找，結果都找不到答案。

於是我轉向其他語言。在北台灣原住民馬賽語（Basai）、宜蘭原住民噶瑪蘭語，以及十七世紀與台灣有歷史關係的西班牙語、荷蘭語，都找不到諧音的魚名之後，我再往日語、琉球語找。

鯖魚的日文是サバ（saba），但日文再借漢字「鯖」來稱呼這種「背の青い魚」。

日文マサバ（masaba，真鯖）指白腹鯖，ゴマサバ（gomasaba，胡麻鯖）指花腹鯖。這兩種魚在日本各地的別稱，例如真鯖在九州南方海上奄美大島稱アギフラキヤ（agifurakiya）、胡麻鯖在沖繩稱グルクマア（gurukumaa）等，都沒有與花飛、青飛諧音。

本來幾乎要放棄了，結果在《廈門音新字典》中發現有兩個發音 hui 的字：

一徽：物 ê 內面久久青烏；敗壞，烏色，面烏。

二黴：就是佮頂面字 sio-siāng（相同）。魚旁的字看不清楚，看來是「黴」（台語黴音 hui）。

《廈門音新字典》對「黴」字的解釋，與《康熙字典》相同：《說文》物中久雨青黑。《玉篇》面垢也。又黴敗也。又《廣雅》黑也。

根據英文版維基字典（Wiktionary），「黴」的 Min Nan (POJ)（閩南語白話字）有四種讀音：mûi / bôe / bî / hui。黴菌常用孢子、菌絲的顏色來稱呼，例如最常見的青黴菌，以及黑黴菌、紅黴菌。青黴菌大都是藍綠色，但也有綠色或白色。

根據《臺灣魚類資料庫》對花腹鯖的描述：「體背側藍黑色，具深藍色不規則之斑紋……側線下方具許多小藍黑斑點，腹部銀白而微帶黃色。」

「黴」音hui，應該是文讀音。如此，花飛、青飛的「飛」，發音與「黴」相同；鯖魚藍黑色的背，以及白腹上的藍黑色小斑點，也與「黴」相合。大家可以注意看，花腹鯖腹部上的藍黑色小斑，是不是有點像「發霉」的樣子?

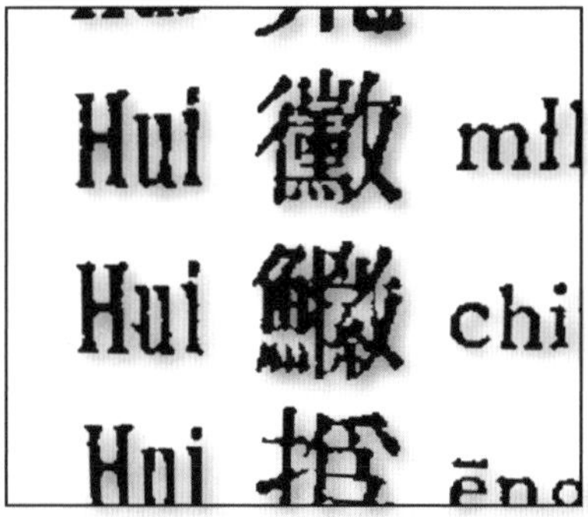

「鰴」這個字，《康熙字典》有，為「徽」的異體字，目前沒有電腦字。「魚」＋「徽」（hui）的造字，除了音義與「徽」相同，更給人與魚有關的聯想。如此，「花鰴」有可能是花飛的原型。

這樣解釋花飛之名由來，雖然不敢說一定正確，但至少是可以拿出來討論的說法。

不過，這樣的結論可能不受歡迎，把「花飛」在海中飛竄、水花亂濺的形象毀了，哈哈！

花飛（花腹鯖）

# 海味知識小學堂

| 中文名（學名） | 俗名 | 分類 |
| --- | --- | --- |
| 日本馬加鰆 (*Scomberomorus niphonius*) | 正馬加（鮫）、尖頭馬加、白北（腹）、馬加（鮫）、藍點馬加（鮫） | 鱸形目 (Perciformes) 鯖科 (Scombridae) |
| 康氏馬加鰆 (*Scomberomorus commerson*) | 塗魠、土魠、頭魠、鮀魠、馬加（鮫）、康氏馬鮫、梭齒 | |
| 臺灣馬加鰆 (*Scomberomorus guttatus*) | 白北（腹）、白腹仔、斑點馬鮫 | |
| 高麗馬加鰆 (*Scomberomorus koreanus*) | 闊腹、闊腹仔、闊北、破北、朝鮮馬鮫 | |

| | | | |
|---|---|---|---|
| 中華馬加鰆 (*Scomberomorus sinensis*) | 梳齒、馬加（鮫）、大耳、中華鰆、西達、中華馬鮫 | 鱸形目 (Perciformes) | 鯖科 (Scombridae) |
| 扁花鰹 (*Auxis thazard thazard*) | 扁舵鰹、煙仔魚、油煙、花煙、平花鰹、憨煙 | | |
| 巴鰹 (*Euthynnus affinis*) | 大憨煙、花煙、倒串、煙仔、三點仔、鮪 | | |
| 正鰹 (*Katsuwonus pelamis*) | 煙仔、煙仔槌、煙槌仔、肥煙、煙仔虎、柴魚、小串、鰹 | | |
| 圓花鰹 (*Auxis rochei rochei*) | 雙鰭舵鰹、槍管煙、竹棍魚、煙管仔 | | |
| 長鰭鮪 (*Thunnus alalunga*) | 串仔、長鰭串、白肉串、長鬚甕串、Pon-bo、長鰭金槍魚 | | |

| 中文名（學名） | 俗名 | 分類 |
|---|---|---|
| 黃鰭鮪 (*Thunnus albacares*) | 串仔、甕串、黃鰭串、黃鰭金槍魚 | 鱸形目 (Perciformes) 鯖科 (Scombridae) |
| 大目鮪 (*Thunnus obesus*) | 串仔、大目串、大眼鮪、大目仔、大眼金槍魚（注：易危物種） | |
| 太平洋黑鮪 (*Thunnus orientalis*) | 烏串、烏甕串、東方藍鰭鮪、東方鮪、烏暗串、黑鮪、東方金槍魚（注：易危物種） | |
| 長腰鮪 (*Thunnus tonggol*) | 串仔、烏鰭串、長翼、長實、青幹金槍魚、小黃鰭鮪 | |
| 花腹鯖 (*Scomber australasicus*) | 青輝、花飛、澳洲鯖 | |
| 白腹鯖 (*Scomber japonicus*) | 青輝、花飛、日本鯖 | |

# 第4章 難以分辨的軟體動物

# 頭足綱

## 頭足綱

### 八腕

#### 管魷目
（體內有透明幾丁質軟條）

- 鎖管科
（眼球外有膜）
  - 鎖管

身直而圓，從幼體到成體稱小卷、中卷、透抽。

- 魷科
（眼球外露）
  - 魷魚

像透抽而更大。

#### 章魚目

- 章魚科
  - 章魚

八隻腕足，體內無骨板、幾丁質軟條。

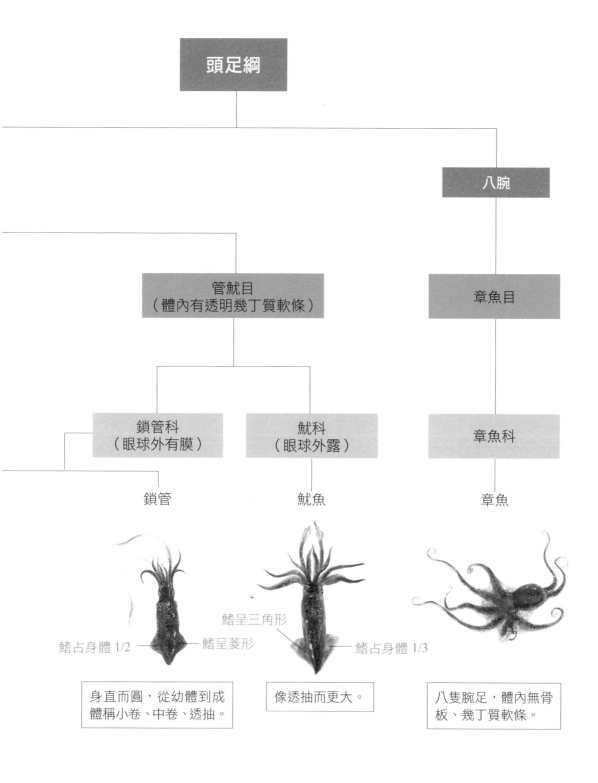

十腕

烏賊目
（觸腕可收入袋中）

耳烏賊科
（內骨板退化）

烏賊科
（有內骨板）

墨斗

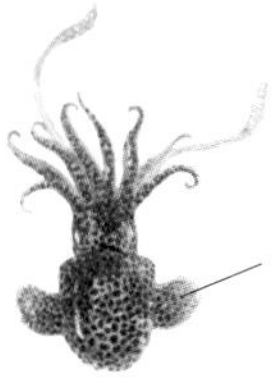


小而圓，鰭呈耳狀。

烏賊

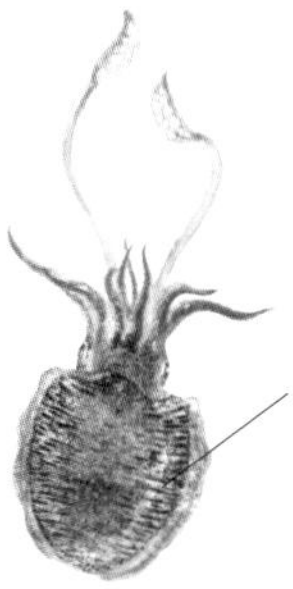


又稱墨魚，橢圓形，鰭包覆全身，尾圓。

花枝

大型烏賊，尾尖，肉較嫩脆。

軟絲

又稱擬烏賊，鰭像烏賊包覆全身。

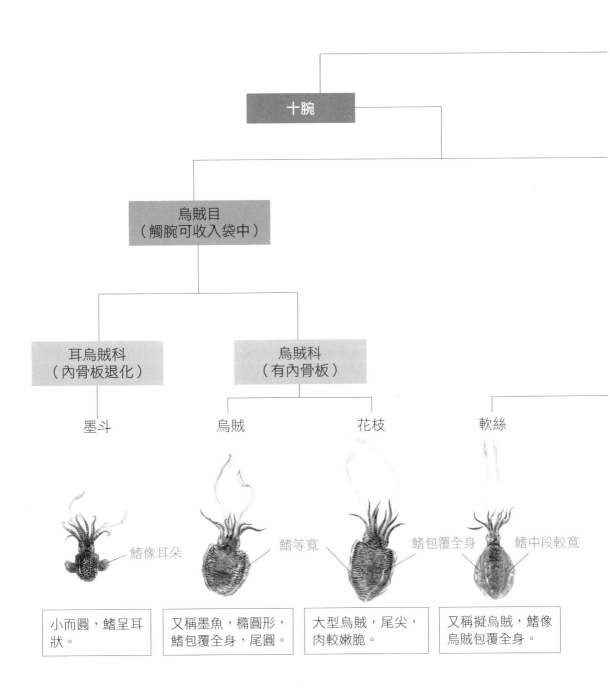

# 01 海洋黑道「烏賊」

其實小卷、透抽、軟絲、魷魚都噴墨，連章魚也會，為何只有烏賊被汙名化為海洋社會的黑道？

簡單來說，這些噴墨族以烏賊肚子裡的墨水最多，學術用語是墨囊最大，常噴墨染黑海水，以障蔽天敵或捕捉獵物，所以又名墨魚。

烏賊與其他噴墨族的不同，則要從軟體動物的分類系統來說明。根據中研院《臺灣貝類資料庫》，這些噴墨族同屬頭足綱，但章魚屬八隻腕足的「章魚目」，其他則屬十隻腕足的「烏賊目」和「管魷目」。這樣就先把俗稱「八爪魚」的章魚先區分開來。

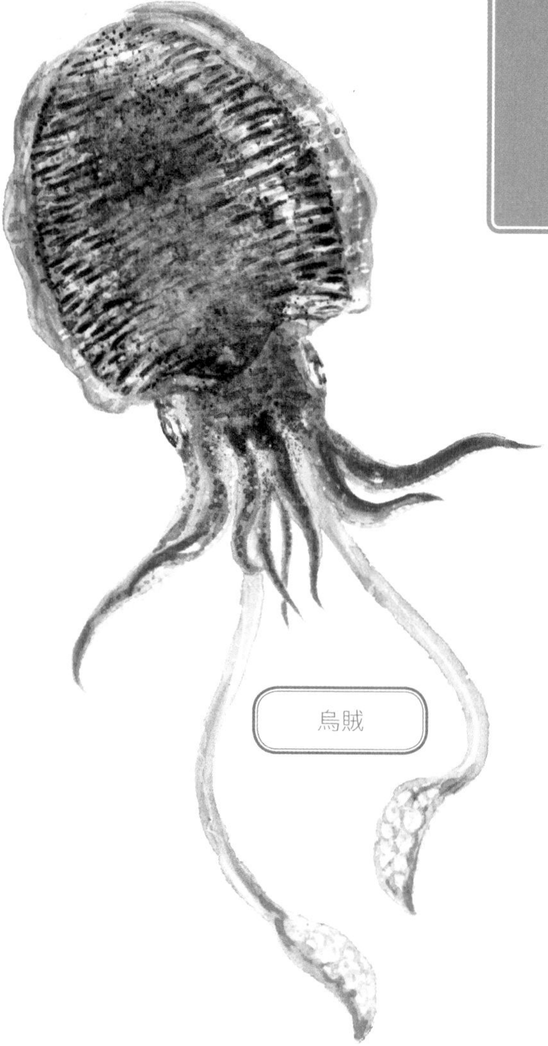

烏賊

「烏賊科」的各種烏賊，體內有船形的石灰質硬殼，古文獻稱「海螵蛸」，也是中藥材。管魷目包括沒有眼膜的魷魚，以及有眼膜的鎖管科（小卷、透抽、軟絲），體內都有軟薄、透明、長條狀的「幾丁質」（甲殼素）內殼。這樣又把體內有一大塊「船形石」的烏賊凸顯出來。

古文獻中，台灣清代文獻對烏賊的稱呼，除了俗名墨魚之外，也提到「烏鰂」。明代官員何喬遠在萬曆四十八年（一六二〇年）出版的著作《閩書》中，已整理出自古以來對烏賊的各種名稱和傳說如下。

一、算袋魚：秦始皇東遊棄「算袋」（原字是筭，筭古通算）於海化為魚，形如算袋，兩帶極長。「算袋」就是裝計算工具的袋子，「兩帶」指烏賊有一對可伸縮、射向獵物的觸腕。古人認為烏賊的形狀很像有背帶的算袋。台

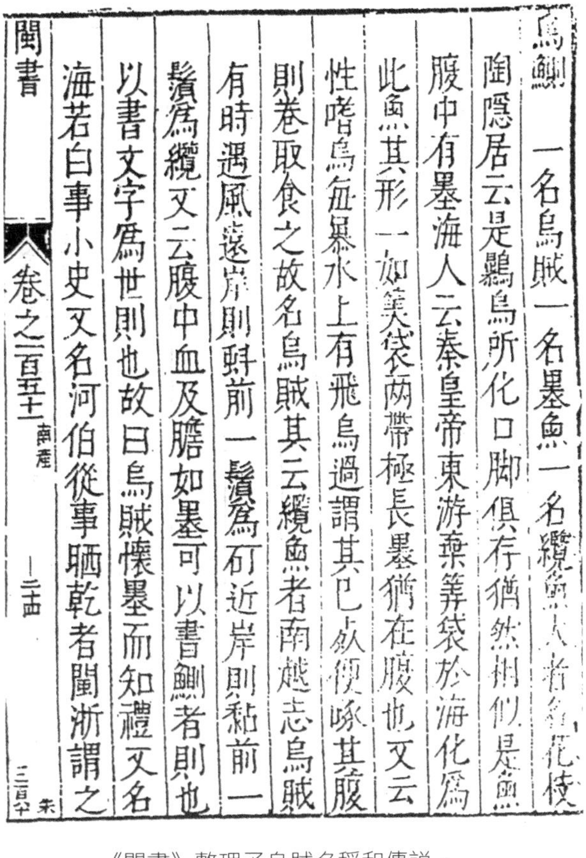
烏鰂 一名烏賊一名墨魚一名纜魚大者名花枝
陶隱居云是鷃烏所化口脚俱存猶然相似是魚
腹中有墨海人云秦皇帝東游棄筭袋於海化爲
此魚其形一如筭袋兩帶極長墨猶在腹也又云
性嗜烏每暴水上有飛烏過謂其已死便啄其腹
則卷取食之故名烏賊其云纜魚者南越志烏賊
有時遇風退岸則蚪前一鬚爲矴近岸則黏前一
鬚爲纜又云腹中血及膽如墨可以書鰂者則也
以書文字爲世則也故曰烏賊懷墨而知禮又名
海若白事小史又名河伯從事晒乾者閩浙謂之
閩書 卷之一百五十一 南產 一三五四

《閩書》整理了烏賊名稱和傳說。

灣文獻有誤將「算袋」寫成「墨袋」者，應該是看錯了「筭」字。

二、烏賊：烏賊是一種叫「鸔烏」的水鳥所化，卻又「性嗜烏」，常故意浮在水上裝死，讓烏飛過來啄其腹，然後「卷取食之」，為烏之賊害也，故名烏賊。這就是說，烏賊以喜歡吃一種叫「烏」的水鳥而得名。

三、纜魚：有長鬚如纜，遇風波可蜷鬚下碇或以鬚黏石，故名纜魚。古文獻描述烏賊：「八足絕短，前有二鬚極長」，也就是說烏賊有一對很長又有伸縮性的觸腕，很像纜繩，遇到大風浪可以黏住岩石。

四、墨魚：腹中有墨，口還能吐墨水，用以寫字，其字跡經年即化。嘿！原來烏賊肚子裡的墨水真的可以寫字，但是會褪色。

五、烏鰂：鰂，烏鰂魚也，腹中血及膽如墨，可以書。鰂者則也，以書文字為世則也，故曰烏賊懷墨而知禮。這就是說，烏賊的「烏」指墨水，「賊」其實是「則」，也就是法度、規範，原來烏賊知書達禮，堪稱海洋社會的典範。

以上所說，姑且不談算袋、鸔烏、纜魚的神話傳說，既說烏賊是烏之賊害，又說烏賊懷墨知禮，實在差很大。

烏賊又稱「墨斗魚」，應該來自廣東潮州話（屬閩南語系）稱墨魚為「墨斗」（ba̍k-táu）。墨斗本是木匠用來打黑色直線的器具，或許讓人聯想到烏賊。但有一種小型的墨魚也叫墨斗，《福州府志》曰：「墨斗，似鎖管而小，亦能吐墨。」

烏賊的閩南語除了叫「墨魚」（ba̍k-hî），更常用「墨賊」（ba̍k-cha̍t）。「墨賊船」不是捕烏賊的船，而是指烏賊體內的船形硬甲。「墨賊煙」則指烏賊噴出的墨。

教育部《臺灣閩南語常用詞辭典》則稱烏賊為「墨賊仔」（ba̍k-tsa̍t-á）。但也有人用「墨賊仔」或「墨斗」、「目斗」來指稱一種小墨魚。

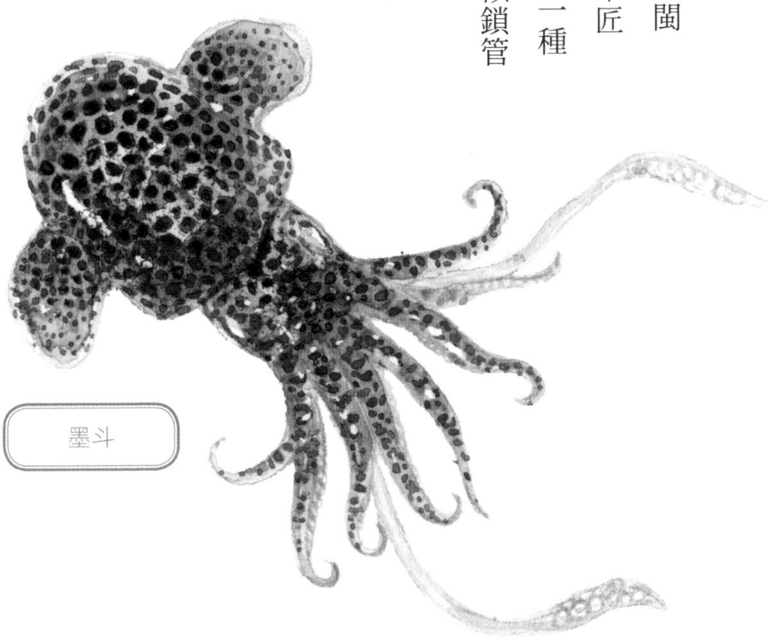

墨斗

# 02 花枝是烏賊的「藝名」?

在台灣，「花枝」是烏賊（墨魚）的俗名，甚至是代名詞，而且是「國台語雙聲帶」（台語音 hue-ki，華語音ㄏㄨㄚ ㄓ）。有人說花枝是烏賊的「藝名」，觸發我尋找花枝小姐的身世。

目前教育部《重編國語辭典》說：墨魚是一種烏賊，也稱為墨斗魚、花枝；花枝是墨魚的別名。教育部《臺灣閩南語常用詞辭典》說：烏賊台語稱「墨賊仔」（ba̍k-tsa̍t-á）；花枝就是墨魚、烏賊。以此來看，花枝等於烏賊已有官方背書。

近年來，台灣網路上出現很多教人分辨章魚、花枝、小卷、透抽、軟絲，以及比較花枝與軟絲（擬烏賊）差異的圖文，但沒有談到烏賊為什麼叫花枝，因為多年來一直沒有答案。

台灣清代方志談到烏鰂（又名烏賊、墨魚）、柔魚、鎖管、章魚，但沒有花枝。台灣的荷、西、英文獻也沒有花枝。蘇格蘭籍長老教會牧師甘

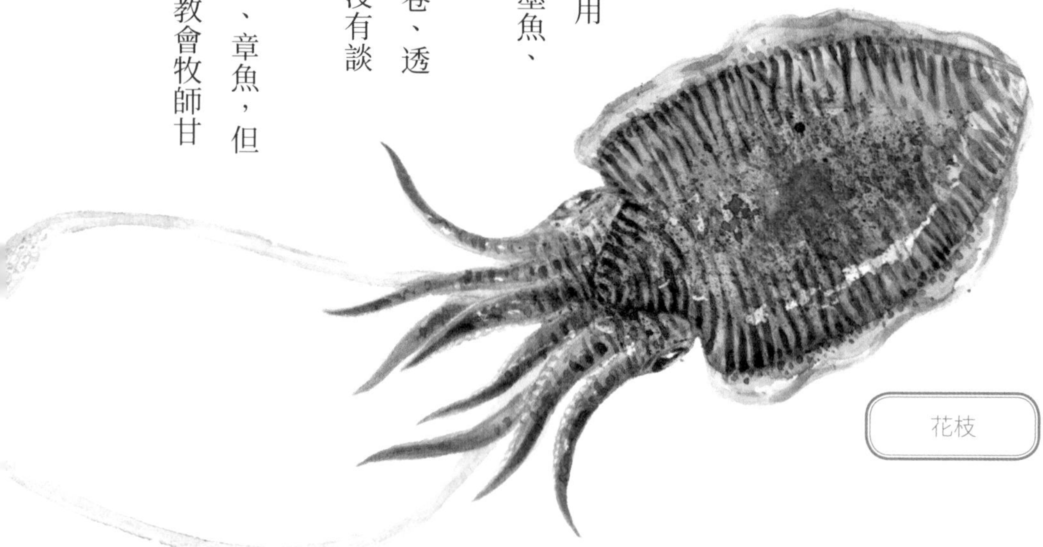

花枝

為霖編的《廈門音新字典》（一九一三年）也沒有「花枝」詞條。日本語言學家小川尚義編的《臺日大辭典》（一九三一年）則有「花枝」詞條，並有兩個解釋：一是生花的枝，一指烏賊。

看來像是台灣在日本時代才有花枝一詞，難道花枝是日文？我查了日文辭典，也問了日本人，日文並沒有以「花枝」指稱或比喻烏賊的用法。

然後，我想到曾有人說花枝的台語發音 hue-ki 源自南島語，難道花枝是原住民語音譯？我查出紐西蘭原住民毛利人稱章魚、烏賊、魷魚為 Wheke，源自「原始玻里尼西亞語」（Proto-Polynesian）Feke。

Wheke 的音確實接近台語「花枝」，但毛利語與台語似無關聯，除非與台灣較有關聯的南島語也用 Wheke 一詞來指稱烏賊。

我再查台灣靠海阿美族、噶瑪蘭族、卑南族、排灣族，甚至早年北台灣原住民馬賽族（Basai）的語言，以及東南亞的菲律賓、印尼、馬來西亞等南島語族國家的語言，結果都不是以 Wheke 指稱烏賊，而且各有不同語彙。

但我發現，如果以菲律賓語的發音方式來念 Wheke，ke 念 ki，簡直就跟台語念「花枝」一樣，會不會菲律賓除了有烏賊的菲律賓語，也使用 Wheke 稱烏賊？因為台灣南部稱番茄為「柑仔蜜」，就是源自菲律賓語 Kamatis。於是我特別去問麗星郵輪的菲律賓廚師，結果他根本沒聽過 Wheke。

找到這裡斷了線索，有點懊惱，卻又在網路上看到一種說法：廣東人也稱墨魚為花枝，但只有作為菜名時用，因為烹煮墨魚要先切花刀，做成花枝片。我隨即問了香港朋友，證實廣東菜的菜單上確有「花枝」，但香港人平時不稱墨魚為花枝，墨魚蛋（丸）也不叫花枝蛋。

既然廣東菜有花枝片，我想到台灣在一九二〇年代，有些酒家除了本來屬於閩菜的台灣料理，也開始引進粵菜、川菜，粵菜的花枝料理會不會在那時傳入台灣？

於是，我查日本時代《臺灣日日新報》數位化資料庫，結果沒有「花枝」的資料。但中研院台史所翁佳音幫我找到兩筆日本時代的資料：一是當時的日文書《臺灣名詞集》（一九〇三年），書中的台灣料理詞彙有「紅燒花枝」；一是一九三六年台灣人以日文寫的文章中，提到了「炒花枝」。

以此來看，台灣在日本時代的花枝料理似乎未必與粵菜有關。我就請翁佳音再查廣東方志，結果沒有找到「花枝」。他再找福建文獻，結果找到「花枝」，而且內容讓人意外，我依年代順序列出如下：

- 明萬曆四十八年（一六二〇年）何喬遠《閩書》：「烏鰂，一名烏賊，一名墨魚，一名纜魚，大者名花枝。」（見第一〇三頁）

• 清康熙《福清縣志》：「俗呼烏賊大者為花枝。」（福清位於福建東部沿海。）

• 清乾隆《晉江縣志》：「墨魚尾圓，花枝尾尖，肉較嫩脆。」（晉江位於福建泉州東南沿海。）

• 清乾隆《泉州府志》：「按墨魚花枝有異，墨魚尾圓，花枝尾尖肉較嫩脆，又一種小者名墨斗。柔魚形似烏鰂，乾以酒炙食之味最美。鎖管似烏鰂而小，色紫。」

這些資料不但指出墨魚與花枝不同，還提到有一種小型墨魚叫墨斗。哇！原來古人對花枝的定義是：比一般墨魚大，而且尾部是尖的。

為了印證以上說法，我首先去菜市場詢問，雖然很多人還是說墨賊就是花枝，但有人指出兩者不同之處：一、墨賊（墨魚）最大只有手掌大，但花枝可以長很大。二、花枝的尾巴是尖的，而且有骨刺。

哇！這種說法跟福建文獻吻合。可惜，我在菜市場沒能看到實物對比。

我突然想到台語的歇後語：「墨賊仔花枝——無血無目屎」或「小管仔花枝——無血無目屎」，都用來比喻一個人沒有感情，也間接指出墨魚與花枝是兩種不同的海產。

此外還有「賊拚賊，魷魚食墨賊」、「大賊劫小賊，魷魚劫墨賊」，比喻黑吃黑、大吃小，也說明墨魚體型較小。

另有一句台語俗語：「我花枝，你共（kā）我當做墨賊仔！」比喻狗眼看人低，更直接說明墨魚不能跟花枝相比。

查到這裡，我已經可以了解，為何廣東人平時稱「墨魚」，只在廣東菜才說「花枝」？因為花枝較大而味美，才能切成一大盤的花枝片。

我在中研院《臺灣貝類資料庫》查看烏賊科的各種烏賊，找到一種「虎斑烏賊」，俗稱「花枝」，標本的尾部呈三角形，尾端還有突出的「骨針」，主要分布在台灣海峽、南海，符合上述有關花枝的紀錄和描述。

我再查英文資料，虎斑烏賊的英文名 Pharaoh cuttlefish，直譯「法老烏賊」，或許與這種烏賊在埃及蘇伊士運河一帶是傳統經濟海產有關。這種大型烏賊，身長含外套膜（Mantle）可達四十二公分，重量可達五公斤，身體會隨環境變色，從灰白到深棕色，並出現斑點。

最後，我在蘇格蘭長老會牧師杜嘉德編的《廈英大辭典》（一八七三年出版，廈門腔白話羅馬拼音對英文），找到相關詞條及英文說明：

bák-hî（墨魚）：the cuttle-fish.

bák-chát（墨賊）：the cuttle-fish.

hoe-ki（花枝）：a large spoted sort of cuttle-fish.

這裡很清楚說明，花枝是指一種大型有斑點的墨魚。以此來看，虎斑烏賊俗名花枝，與古文獻描述名實相符，但其他的墨魚就不一定能稱為花枝，這也就是說：不是所有烏賊都叫花枝！

台灣沿海的「烏賊屬」有十一種，虎斑烏賊是常見的一種，因捕獲量減少，近年已在研發養殖。

以上是我對花枝的探討，但我仍不知為何叫花枝？或許身體的花紋、斑點、變色與「花」有關，但「枝」就較難解釋了。

很多人說花枝之名大概指烏賊在水中游動的樣子。花枝確實讓人想到花枝招展、花枝亂顫，但烏賊圓胖，透抽、魷魚相對修長，其實更像花枝。

謹以此文拋磚引玉，請大家繼續追尋花枝小姐的身世。

虎斑烏賊

# 03 鎖管與鎖的關係？

台灣有名小吃小卷米粉，「小卷」是俗稱，教育部《臺灣閩南語常用詞辭典》的用字是「小管仔」（sió-kńg-á），因為台語「卷」、「管」的音都是kńg，所以「小管」被寫成「小卷」。從形狀來看，也是像管而非卷。

不過，「小管」在分類上屬管魷目「鎖管科」，正式的中文名是「鎖管」。台灣日本時代《臺日大辭典》（一九三一年）也收錄「鎖管」一詞，發音só-kńg，並說有其他腔口念sió-kńg，或許這是被念成「小管」的原因。

從台灣清代方志來看，「鎖管」也是正字。為什麼叫鎖管？真的與鎖有關嗎？

- 《台灣府志》（一六八五年）：「鎖管一名靜瓶魚，似烏賊而小，色紫。」
- 《臺灣縣志》（一七二〇年）：「鎖管，身直而圓，狀如鎖管，故名。其味甘肥。」
- 《重修福建臺灣府志》（一七四〇年）：「鎖管，身圓直如鎖管，首有小骨插入管中如鎖，鬚味甘脆。」
- 《澎湖廳志》（一八七八年）：「鎖管，圓直如鎖，有鬚，晒乾味尤甘，號漫哺香。」

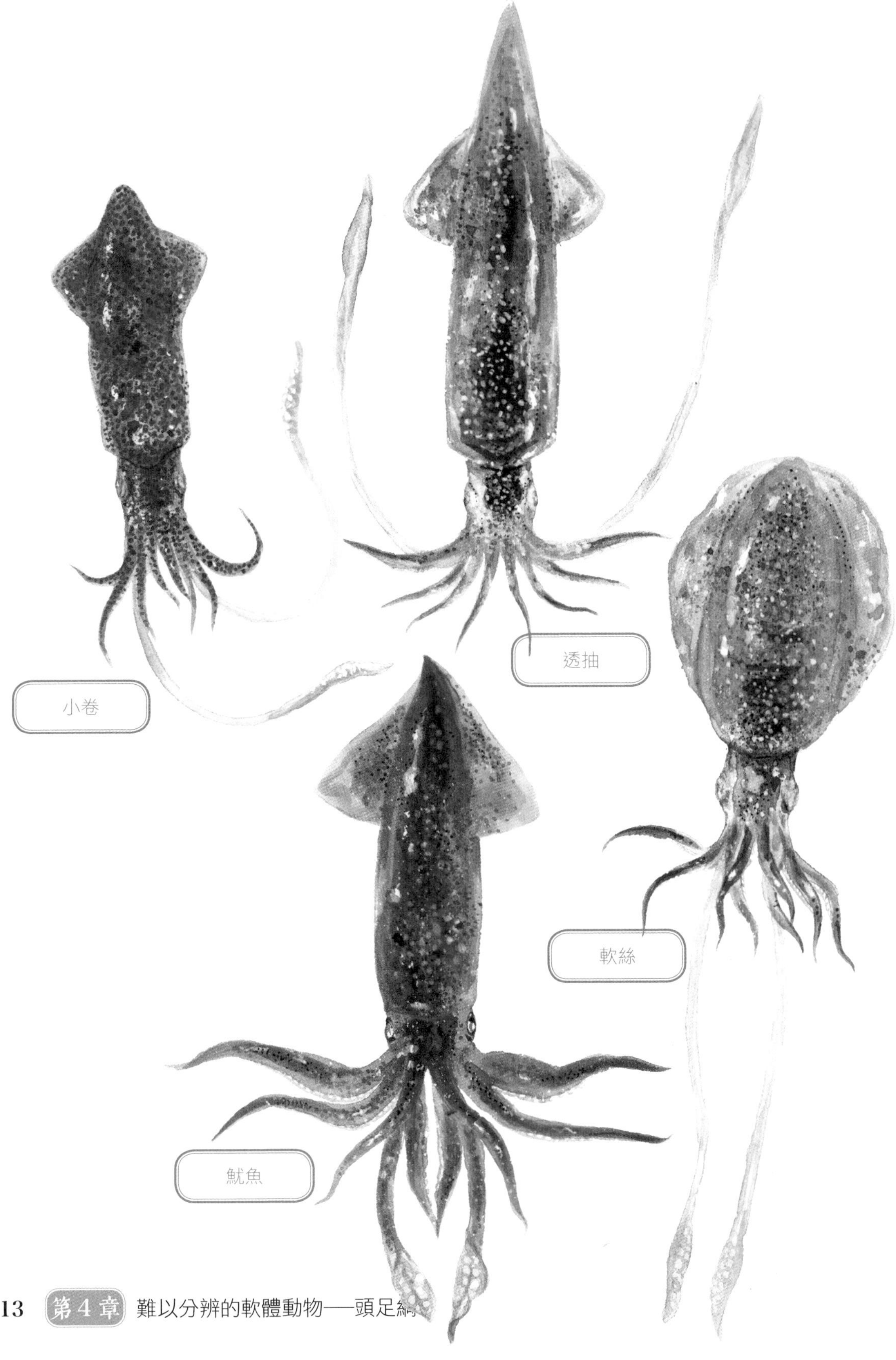
小卷
透抽
軟絲
魷魚

以上資料說明鎖管長得比烏賊小，以形狀像鎖管命名，並形容鎖管的頭部有小骨插入身體，好像插入鎖一般，又說鎖管的鬚吃起來脆而甘甜，愈嚼愈香。

因此，我繼續研究「鎖管」二字。根據中文辭典，「管」除了指中空的圓柱形物體，也指吹奏的樂器「管樂」，而在古代也指鑰匙。

這樣可以推論「鎖管」就是形狀像管的鎖。然後我上網查看各種古鎖，最簡單、常見的是「一」字型鑰匙孔的簧片鎖，以一根細扁長條狀的鑰匙插入開鎖。古鎖有各種形狀，有的是管狀，看來有點像海裡的鎖管。

再來比對台灣方志所說：「首有小骨插入管中」，「小骨」似乎就是指鎖管體內軟薄、透明、長條狀的「幾丁質」（chitin，俗稱甲殼素）內殼，猶如插入鎖中開鎖。

以此來看，海裡的鎖管確實以形狀似鎖管而得名。

根據中研院《臺灣貝類資料庫》，管魷目鎖管科鎖管屬的「真鎖管」、「台灣鎖管」、「武道真鎖管」，幼體俗稱「小卷」，亞成體俗稱「中卷」，成體俗稱「透抽」。這也就是說，同一種鎖管的童年叫小卷，青年叫中卷，成年叫透抽。但有人認為，「真鎖管」才是透抽。

鎖管科軟翅仔屬的「軟翅仔」，俗稱「擬烏賊」、「軟絲仔」。就台語而言，「軟翅仔」的「翅」音 tshì，所以魚翅叫 hî-tshì / hû-tshì，「翼」音 si̍t，應該寫成「軟翼仔」才對。

軟翅仔雖然屬鎖管科，外型卻較像烏賊科的烏賊。軟翅仔的肉鰭不像其他鎖管只在尾部，而是跟烏賊一樣延伸到全身。軟翅仔被歸為鎖管科，主要是體內有跟其他鎖管一樣的長條形軟殼，而不是烏賊體內船形的硬殼。

管魷目魷科的南魷、北魷等，俗稱魷魚，一般體型比烏賊、鎖管大。魷科的外型很像鎖管科，尤其是較大的透抽，兩者最大的差別在於眼睛有沒有透明或半透明的「瞬膜」。魷科沒有瞬膜，鎖管科則因大都棲息在近海相對較混濁的水域，所以有「瞬膜」可水平移動保護眼球。

基隆在三月至九月盛產鎖管，總產量超過全台三分之一，所以農委會漁業署與基隆市相關單位自二〇〇五年開始舉辦「基隆鎖管季」。

# 04 章魚？章舉？石拒？

章魚和烏賊、鎖管、魷魚有什麼不同？

因為都屬頭足綱，也都會噴墨，所以有人還是搞不清楚。最簡單的區別就是比腕足，章魚有八隻，其他都是十隻。此外，章魚體內沒有烏賊體內船形的硬殼，也沒有鎖管、魷魚體內長條狀的軟殼。

章魚的台語怎麼講？

很多人說Tako。不對！那是日語タコ（tako），日文漢字「鮹」、「蛸」。在日文，「蛸」本來指蜘蛛，日本人看到章魚跟蜘蛛一樣八隻腳，有如海裡的「蛸」，後來再改成「魚」字旁就變成「鮹」了。

章魚的台語叫tsio̍h-kī（漳音）或tsio̍h-kū（泉音），我很意外教育部《臺灣閩南語常用詞辭典》沒有收錄此一詞條。台灣清代方志大都寫成「石拒」，但也有寫成「石距」、「石矩」、「石鮔」。台灣日本時代《臺日大辭典》（一九三一年）則寫成「石距」。

這是什麼意思呢？台灣清代方志如果寫成「石拒」，就會解釋：「居石穴中，人取之，能以腳粘石拒人。」「人捕之，能以足抱石拒人。」

章魚之名從何而來?

這就要講到唐代名人韓愈了。唐元和十四年(八一九年),唐憲宗迎釋迦牟尼佛遺骨入宮供奉,當時刑部侍郎韓愈上〈諫迎佛骨表〉勸諫,唐憲宗大怒,把韓愈貶為潮州刺史。韓愈是河南人,初到靠海的潮州,看見各種奇形怪狀的海產,就寫了一首詩〈初南食貽元十八協律〉,主題是「初南食」,贈送給他當「協律」(唐樂官名)的詩友元十八。

詩中有一句:「章舉馬甲柱,鬥以怪自呈。」章舉就是章魚,馬甲柱就是江珧柱的貝柱(江珧的貝殼如馬甲),呈現在韓愈眼中都是奇怪的海產。

韓愈這首詩中的「章舉」二字,被認為是中文「章魚」一詞的起源。何謂「章舉」?古文獻都從字義上去解釋。

清乾隆福建分巡台灣道劉良璧《重修福建臺灣府志》(一七四一年)說:「章魚,即韓昌黎所謂章舉。其身圓,其首八腳縮聚,當中有口,腳上有窩如臼,歷歷成章。囊中有黑膏及黃膏。行者手足向下、身向上高舉而疾逝。」

所謂「章」,就是章魚腳上的圓形吸盤「歷歷成章」。所謂「舉」,就是章魚向上游泳「高舉而疾逝」。嘿!我覺得這是望文生義的解釋。

不過,古文獻中的章魚有三種名稱,一是章魚,一是章舉,一是石拒。但用字卻有很多不同:章魚有寫成鱆魚,章舉有寫成章拒,石拒更有寫成石距、石矩、石鉅、石巨、石磯、石舉、石居、石鋸、石固、石舅等。

古文獻中對章魚、章舉、石拒的描述也顯得混亂，有的認為章魚又名章舉，有的認為三者是不同的章魚。台灣清代方志大都認為章魚就是章舉，並說「石拒似章魚而大」，或說「章魚似石拒而小」，但也有說「石矩亦章舉之類，身小而足長是也」。

總之，古文獻中的章魚、章舉、石拒是同類的海洋生物。但我想提出一個推測：「章舉」一詞可能源自「石拒」。為什麼呢？試想當年河南人韓愈來到潮州，聽到潮州人稱章魚為「石拒」，他用文雅的字寫成「章舉」。

章魚

怎麼說呢?廣東潮州話屬於閩南語系，「石」音 tsio̍h，「章」音 tsiong，非常接近；「拒」音 kī／kū，「舉」音 kí／kú，只是聲調不同。

此外，就像「章舉」有望文生義的解釋，「石拒」也可能是望文生義解釋為章魚抱石拒人。事實上，「石拒」有那麼多諧音的用字，或許本來不是漢語，而是其他語言的音譯。

唐代潮州的原住民是畲族，或許當年韓愈在潮州以「章舉」記下的是畲語。

不過，如果從閩南語「石距」的「距」來解釋，「距」（kī／kū）指雞爪，例如說「雞腳距」，那麼「石距」或許可以從章魚以其爪抓住石頭來解釋命名由來。

## 海味知識小學堂

| 中文名（學名） | 俗名 | 分類 | |
| --- | --- | --- | --- |
| 虎斑烏賊 (*Sepia pharaonis*) | 花枝、墨賊、目賊、墨魚、烏子 | 烏賊目 (Sepioidea ) | 烏賊科 (Sepiidae) |
| 柏氏四盤耳烏賊 (*Euprymna berryi*) | 目斗、墨斗、墨斗仔 | | 耳烏賊科 (Sepiolidae) |
| 萊氏擬烏賊 (*Sepioteuthis lessoniana*) | 軟絲、軟翅仔、軟匙仔、軟薯 | 管魷目 (Teuthida) | 鎖管科 (Loliginidae) |
| 台灣鎖管 (*Uroteuthis chinensis*) | 鎖管、小管、小卷、透抽、中卷 | | |
| 真鎖管 (*Uroteuthis edulis*) | 鎖管、小管、小卷、透抽、中卷 | | |
| 武道真鎖管 (*Uroteuthis edulis budo*) | 鎖管、小管、小卷、透抽、中卷 | | |

| | | | |
|---|---|---|---|
| 奧蘭鳶魷 (*Sthenoteuthis oualaniensis*) | 魷魚、南魷、鳶烏賊 | 管魷目 (Teuthida) | 魷科 (Ommastrephidae) |
| 北魷 (*Todarodes pacificus*) | 魷魚 | | |
| 真蛸／正章魚 (*Octopus vulgare*) | 章魚、Tako、石拒、石距 | 章魚目 (Octopoda) | 章魚科 (Octopodidae) |
| 沙蛸 (*Amphioctopus aegina*) | 白線章魚、石拒、章魚、Tako | | |

# 第5章 貝類

## 外剛內柔、殼大味美

# 01 牡蠣、蠔、蚵

中國文獻在漢代就有食用、藥用及養殖「牡蠣」的記載，所以在學術分類上的中文名是「雙殼綱」的「牡蠣目牡蠣科」。

何謂「牡蠣」？「蠣」是什麼？「牡」（ㄇㄨˇ）指雄性動物，「牝」（ㄆㄧㄣˋ）指雌性動物，「蠣」有公母之分嗎？

「蠣」的造字是「虫」旁加「厲」，「厲」在古代是「礪」的本字，在造字上與山石有關，或許就是命名由來。古文獻形容牡蠣：「附石而生，磈礧相連如房，故名蠣房。」磈礧（礧磈）就是眾多山石累積的樣子，看來確實很像牡蠣殼層層相疊。

「牡蠣」指公的「蠣」嗎？難道沒有母的叫「牝蠣」嗎？

這也是古人的疑問：「天生萬物皆有牡牝。惟蠣是鹹水結成，塊然不動，陰陽之道，何從而生？」明李時珍《本草綱目》提出解釋：「蛤蚌之屬，皆有胎生、卵生。獨此化生，純雄無雌，故得牡名。」意思是說，因為沒有「牝蠣」，所以稱之「牡蠣」。

從海洋生物學來看，牡蠣雖然有雄有雌，但會由雄轉雌，還有某些品種是雌雄同體。簡單來說，牡蠣雖然看似靜止，但會排放精卵，在海水中受精、孵化、發育成幼蟲，之後再附著它物生長。漁民養殖牡蠣，就是利用牡蠣的空殼，綁成一串，垂掛在海水中，讓小牡蠣附著生長。

在中國，牡蠣一般稱之「海蠣」，廣東話稱之「蠔」。唐元和十四年（八一九年），韓愈被下放廣東潮州，描述海產所寫的〈初南食貽元十八協律〉詩中，就有一句：「蠔相黏爲山，百十各自生。」

台灣清代方志也稱牡蠣為「蠔」，一般記載：「牡蠣，鹽水結成……俗呼為蠔，殼可燒灰。」台灣日本時代《臺日大辭典》（一九三一年）稱牡蠣為「蠔」、「蠔仔」。以此來看，「蠔」或許在戰後才被簡寫成「蚵」。

牡蠣殼是中藥材，也是古早時代的建材。連橫《臺灣通史》：「灰有兩種，曰蠔灰，曰石灰。沿海之地多種牡蠣，臺人謂之蠔，取其房燒之，色白，用以堊牆造屋，而近山一帶，則掘石煆之，價較廉。」

十七世紀初荷蘭人在台南所建的熱蘭遮城，今天還可看到的外牆遺跡，就是以糖水、糯米汁、蚵殼灰調和成泥，再以紅磚砌成。

台灣在清代就有「蠔殼港」（似在清末才出現「蚵殼港」的寫法）的地名，例如現在基隆西定河及周邊的舊地名就是「蚵殼港」。「蚵殼」顧名思義是有很多蚵殼，但並不是產蚵，而是把蚵殼集中一地燒成蚵灰作為建材，常選在河運便利之處，故稱「蠔殼港」。後來開採石灰礦，燒蚵灰業就沒落了。

根據中研院《臺灣貝類資料庫》，台灣的牡蠣科紀錄有五屬十八種。台灣西海岸養殖的是「葡萄牙牡蠣」，另有附著在海岸岩石、體型較小而結實、俗稱石蚵、岩蚵的「僧帽牡蠣」及「黑齒牡蠣」（主要分布在澎湖、綠島）。

在台灣，牡蠣料理最有名的就是小吃「蚵仔煎」，目前中國大陸跟著叫「海蠣煎」，香港叫「蠔餅」、「煎蠔餅」，東南亞福建話稱「蠔煎」。

台灣還有一種有名的牡蠣小吃，就是源自福州小吃「蠣餅」的「蚵嗲」。這種小吃在台灣中南部較為常見，以微凹的鐵杓，放入麵粉漿，鋪上鮮蚵、韭菜等，再抹麵粉漿，然後把鐵杓放進油鍋裡炸成定型後取出，繼續炸成小扁圓形的 ô-te，或稱 ô-á-te。近年已約定俗成寫作「蚵嗲」、「蚵仔嗲」，那種鐵杓則稱之「蚵嗲匙」。

「蚵嗲」的「嗲」顯然是以「口」＋「爹」（華語音ㄉㄧㄝ）所造的字，「嗲」有沒有正字呢？日本時代《臺日大辭典》的寫法是「蠔仔胎」，目前教育部《臺灣閩南語常用詞辭典》則用「蚵炱」。

台語文專家許嘉勇則認為，應該寫成「蠔堆」，「堆」的泉州音、同安音 ter，漳州音、廈門音 te，指用麵粉煎炸的食物，包蠔的就叫「蠔堆」，也有人稱之「箍仔堆」（khoo-á-te）。

## 02 九孔等於鮑魚？

九孔是不是鮑魚？

是的！九孔是台灣土產鮑魚的俗名，因長得比進口鮑魚小，所以有人以為九孔不是鮑魚。

根據中研院《臺灣貝類資料庫》，台灣記錄的鮑螺科鮑螺屬共有五種，最常見並養殖的是「九孔螺」，又分成平紋、粗紋兩種。

鮑螺科即指鮑魚，所以九孔也被稱作小鮑魚、雜色鮑、珍珠鮑、台灣鮑魚（Taiwan abalone）。一般來說，鮑魚大都生長在冷水海域，九孔則生長在暖水海域。

台灣清代方志記載：「土鮑魚，一名九孔。」「九孔，鮑魚之小者。」「仙人耳，一名鰒魚。」「旁有九孔，俗呼曰九孔。」「俗呼為將軍帽。」「殼有孔，煆灰入藥，為石決明。」

這樣已清楚說明：鮑魚古稱「鰒魚」，台灣的鮑魚較小，因殼有九孔而稱九孔，因長相又稱「仙人耳」、「將軍帽」。殼灰可做中藥「石決明」，有清熱、明目之效。

台灣日本時代詩人、板橋林家的林景仁（一八九三至一九四〇），在他所著《東寧草》中稱讚台灣九孔：「九孔介屬。其殼九孔，作橢圓狀，可燒煉為灰瓦。肉美味雋，較鰒魚尤勝。三、四月間，雞籠出產最多。」

他還寫了一首詩：「遑問蛤蜊事，且觀綺貝光。萬間身後庇，九略腹邊藏。堅守牢危石，飄流寄巨洋。延平應似汝，合拜介中王。」

林景仁生於清末，曾留學英國牛津大學，並遊歷全球，他說九孔滋味更勝一般鮑魚，讚美九孔的外觀，隱喻九孔的內涵，並以之比擬鄭成功，稱之「介中王」，這應該是對九孔最高的禮敬了。

九孔（台語音 káu-khńg）是台灣才有的俗名，所以《廈英大辭典》（一八七三年）、《廈門音新字典》（一九一三年）都無此詞條。

九孔曾是台灣海水養殖的要角，後來因抗病力變弱等因素造成產量大降，經水產專家找出原因，可能是近親繁殖所致，於是就以野生九孔與養殖九孔配對繁殖，近年來已重新養殖成功，並改名「九孔鮑」行銷。新北市貢寮區所產的九孔，叫「貢寮鮑」。

九孔一定有九個孔？

不一定！「九」是數字，但也用來形容多數。

九孔

鮑魚殼上的孔有吸呼、生殖、排泄作用，依種類有四至五孔或六至八孔，但九孔的孔數較多。根據《臺灣貝類資料庫》，九孔殼的上緣有一排小孔，孔數會因成長而增加，通常為七到十個。因此，當九孔長到可以看見九個孔時，表示已成熟味美。

鮑魚在中國古代稱「鰒魚」，從「鰒」的造字來看，大概因鮑魚是以寬大的腹足爬行及吸附岩石之故。屬腹足綱、腹足目。

為什麼會從「鰒魚」變成「鮑魚」呢？鮑魚在中文本指溼的鹹魚，有腥臭味。古文：「如入鮑魚之肆，久而不聞其臭」，「鮑魚之肆」就是賣鹹魚的店鋪。

中國在宋朝時，已從日本輸入鮑魚，到了明朝，「鰒魚」用詞逐漸改為「鮑魚」。因此，

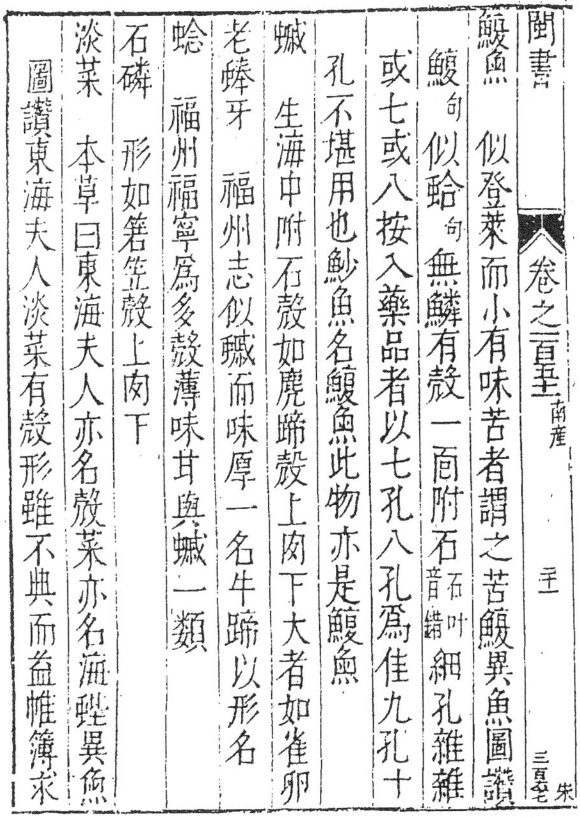
閩書　卷之一百五十一　南產　朱

鰒魚　似登萊而小有味苦者謂之苦鰒異魚圖讚
鰒句似蛤句無鱗有殼一面附石石叶音錯細孔雜雜
或七或八按入藥品者以七孔八孔爲佳九孔十
孔不堪用也鮑魚名鰒魚此物亦是鰒魚
蝛　生海中附石殼如鹿蹄殼上肉下大者如雀卵
老蜯牙　福州志似蝛而味厚一名牛蹄以形名
蛤　福州福寧爲多殼薄味甘與蝛一類
石磷　形如箬笠殼上肉下
淡菜　本草曰東海夫人亦名殼菜亦名海蜌異魚
圖讚東海夫人淡菜有殼形雖不典而益帷薄求

《閩書》卷之一百五十一：鰒魚如欲當作藥物使用，以成長至七八個孔洞為佳。

我從日文對鮑魚的稱呼找線索。

日文稱鮑魚為アワビ（awabi），漢字使用「鮑」、「鰒」、「蚫」。「鰒」字用法與中文相同，「鮑」、「蚫」從何而來？有一種說法：「鮑」、「蚫」以「包」命名，因為鮑魚長得很像「卷貝」，就是包起來的貝。

所以我推測，日文借用漢字「鮑」來指稱アワビ，然後日文漢字「鮑」再回傳中國。日文借用漢字，有的沿用本意，有的另創新意，例如：「鮎」字在中文本來指鯰魚，日文卻借來指香魚；「鮭」字在中文本來指河豚，日文卻借來指鮭魚（Salmon），後來再傳回中國。

中國著名的「四大海味」：鮑、參、翅、肚，指鮑魚、海參、魚翅、魚肚（鮸魚鰾，魚膠，花膠）。四大海味都是乾貨，這裡的鮑不是鮮鮑，而是乾鮑。鮑魚從鹽漬、曬乾到煨煮，都是精心細作，難怪排名第一。

# 03 干貝與江瑤柱

干貝在台灣算是常見的高檔食材，大家享用「干貝壽司」、「干貝生魚片」，或「生煎干貝」、「燒烤干貝」，超市或餐廳也宣傳從日本北海道進口的「生鮮干貝」。但很少人注意，「干」通「乾」，「乾貝」怎能生吃、煎烤呢？

另一方面，台灣也有「干貝粽」、「干貝菜心」、「干貝雞湯」等中國菜，這裡的干貝才是名副其實的乾貝，指乾燥後的貝柱，烹飪前要先泡水漲發。

總之，在沒有冷藏設備的時代，各種海產大都製成乾貨，所以才有「干貝」（乾貝）之稱，現在有了生鮮貨，但名字叫慣了，已很難改變。

很多人可能以為「干貝」是日文，其實日文稱乾燥的貝柱為「干し貝柱」，所以「干貝」不是日文，但日本人一般了解的「干貝」，是指中華料理的乾貨。

事實上，日本人大都生吃或煎烤貝柱，稱之ホタテ（hotate），漢字「帆立」，就是「帆立貝」的簡稱，中文稱「蝦夷盤扇貝」。

「帆立貝」在日本最常見並有養殖，日文名ホタテガイ（hotategai），學名*Patinopecten yessoensis*，日文漢字也稱「海扇」，以其外殼像扇子而得名。

「帆立貝」之名從何而來？日本人認為此貝張開後，一殼像船，一殼像帆，故稱「帆立」。何謂「貝柱」？就是「雙殼綱」貝類的「閉殼肌」，兩條用來閉合兩片外殼的肌肉。帆立貝的兩條閉殼肌，有一條在成長階段逐漸消失，另一條則巨大化，成為軟嫩美味的貝柱。

根據中研院《臺灣貝類資料庫》，「海扇蛤科」的貝類共有六十種，但台灣沒有養殖，進口貨以日本北海道生產最佳。此科在中國大陸的中文名稱「扇貝科」，俗稱元貝、帶子。

扇貝在中國古文獻有「江珧柱」、「江瑤柱」兩種寫法。「江珧」就是扇貝，「珧」是蛤的甲殼，江珧的貝柱可做成「江珧柱」。「江珧柱」的「珧」為什麼寫成「瑤」？因為「瑤」的本意是潔白的美玉，比喻江珧的貝柱。

台灣清代方志使用「江瑤柱」名稱，所以台語早年稱干貝為 kang-iâu-chu，kang-liâu-chu。

清乾隆臺灣府鳳山縣教諭朱仕玠《小琉球漫誌》（一七六五年）：「江瑤柱出自涵江，形如三四寸扁牛角，上銳下平，雙甲薄而脆；柱生雙甲中腰，巨如古錢，味爽而甘，其餘肉則類大蚌。」「論海錯之美者，首列江瑤柱，西施舌次之，臺地有西施舌而無江瑤柱。」

朱仕玠曾遊歷福建莆田的涵江（福建東南沿海），他認為海產中江瑤柱最美味，西施舌次之，並覺得台灣很可惜沒有江瑤柱。

台灣俗名、中文名所稱的「西施舌」，一直是台灣著名海產。台灣清代方志記載江瑤柱不多，大都說西施舌「次於江瑤柱」。日本時代連橫《臺灣通史》則說：「西施舌：打鼓、鹿港所產較多。江瑤柱：臺南有產。」

其實，朱仕玠形容涵江的江瑤柱「形如三四寸扁牛角」，應該就是「牛角江珧蛤」。根據《臺灣貝類資料庫》，牛角江珧蛤分布很廣，包括中國沿海從遼寧到海南島，台灣從台中以南及澎湖，台南至高雄一帶尤多，俗稱「牛角蛤」。

日本時代《臺日大辭典》（一九三一年）把「江瑤柱」寫成「江蟯珠」（kang-iâu-chu／kang-liâu-chu），日文解釋是「貝の柱」。這裡的「蟯」、「珠」看來是錯字，「蟯」的本意是腹內寄生蟲，台語「蟯」（giô）指文蛤，台灣清代方志也說：「蟯，蛤之大者。」

# 04 蜊仔與蚶仔

台灣最庶民的貝類，養殖的蜆與文蛤，台語怎麼講呢？

台灣的蜆，生長於淡水、半鹹水（河海交會處）水域，台語稱之「蜊仔」（lâ-á），常聽人講：「一兼二顧，摸蜊仔兼洗褲」，比喻一舉兩得。

友台的日本前首相安倍晉三有很多軼事，他生前最愛的台灣美食，竟然是醬油生醃的蜆，台語稱之「鹹蜊仔」（kiâm-lâ-á）。

台灣蘋果日報（二〇一八年八月三日）有一篇外交部資深日文翻譯蘇定東的人物專訪，他提及有一次安倍先生訪台，外交部在國賓飯店設宴款待，安倍先生在宴會上說想吃「鹹蜊仔」，結果國賓飯店在宴會快結束前端出這道台灣庶民小菜。

我想起多年前招待一位日本朋友在台北好記擔仔麵吃飯，就是一小盤的「鹹蜊仔」，讓他讚不絕口，我說出很便宜的價格，讓他目瞪口呆。

「鹹蜊仔」的做法，如何吐沙、去腥？如何以加熱、川燙或冷凍讓蜊仔稍微開口？如何以薑、蒜、辣椒、糖、醬油、米酒、酸梅、檸檬浸泡入味？每個家庭、攤店、餐廳各有祕訣。

台灣的文蛤，也稱蛤蜊，台語稱之「蚶仔」（ham-á），有人開玩笑寫成諧音的「阿媽」

（a-má）。

台語的「蛤仔」（kap-á），或說「田蛤仔」（tshân-kap-á）、「水雞」，指的是青蛙、田蛙。

台語「蛤」（kap）的音，也用在早年稱宜蘭為「蛤仔難」（kap-á-lān），後來才通用「噶瑪蘭」。

蜆的日文也稱「蜆」（シジミ，shijimi）。蛤蜊的日文是「蛤」或「文蛤」（ハマグリ，hamaguri）。

# 05 淡菜與孔雀蛤

「淡菜」也稱「殼菜」，為生長於海水或淡水、「雙殼綱」（Bivalvia）「殼菜蛤科」（Mytilidae）貝類的總稱，英文稱之Mussel，中文稱之「貽貝」，日文稱之ムール貝（mūru kai），有很多品種，外殼有綠、紫、藍、黑等色，肉則有偏白、淡黃、橘紅等色。

歐洲人喜歡吃淡菜（Moules／Mussels），還有淡菜專門店，烹調方式很多，常見奶油、白酒口味，還可用麵包、薯條沾汁來吃。

根據中研院《臺灣貝類資料庫》，台灣最常見的淡菜品種是「綠殼菜蛤」（*Perna viridis*），大概以其有如孔雀羽毛的翠綠色，所以華語稱之「孔雀蛤」，台語稱之「孔雀蚶」

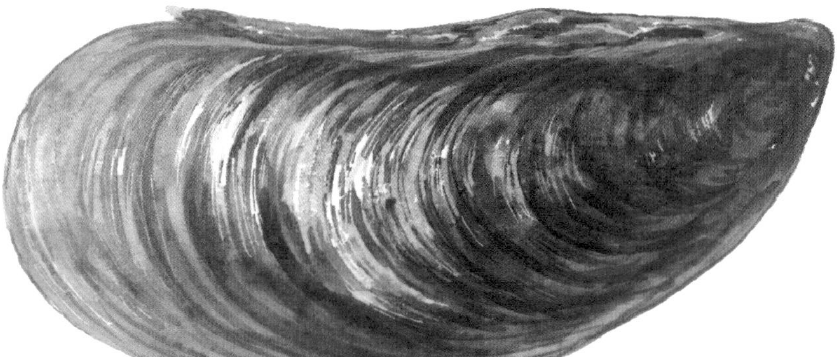

綠殼菜蛤

（khóng-tshiok ham）。

根據清乾隆澎湖通判胡建偉《澎湖紀略》（一七六九年）：「殼菜：即淡菜也。生四明者，肉小而肥。閩中則肉小而瘦，澎湖則更瘦小矣。」這是清代台灣方志對淡菜的記載，四明是浙江寧波的舊稱，閩中指福建或福建莆田。

淡菜一詞中有個「菜」字，為什麼會成為貝類的名字？在中文，「菜」可以是蔬菜總稱，也可以是餚饌總稱，例如台菜、粵菜、川菜等。那麼「淡」是什麼意思？

在沒有冷凍設備的年代，淡菜都是乾貨。中國《漢典》對「淡菜」一詞的解釋：「貽貝的肉經燒煮曝灑而成的乾製食品。味佳美，以煮曬時不加鹽，故名。」

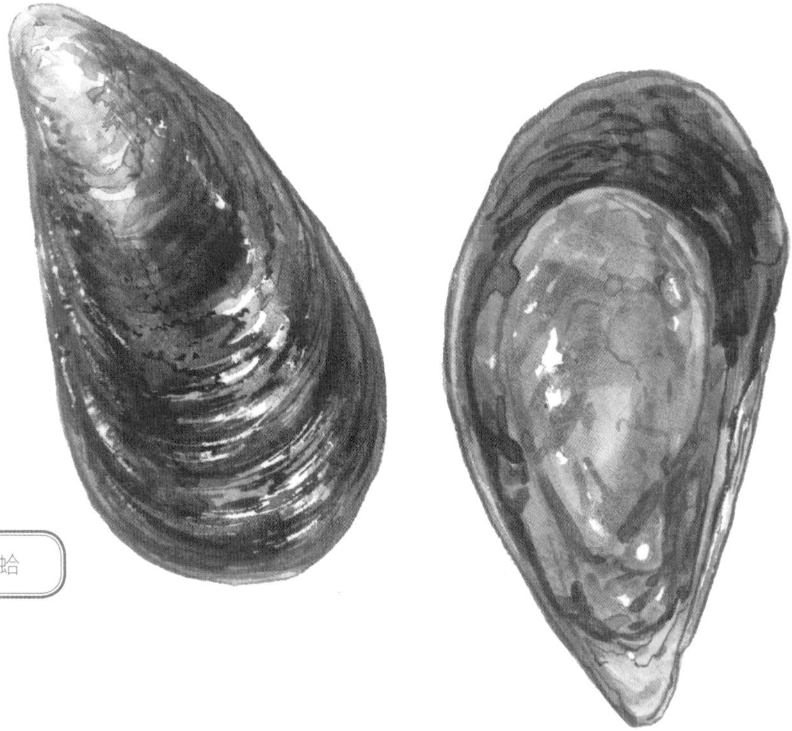

紫殼菜蛤

另有一說，「淡」的正確用字是「蜑」（ㄉㄢˋ），這是中國南方沿海住在船上、以海為生的族群，稱之「蜑户」，也寫成同音的「蛋户」、「但户」。此一族群挖蚌取珠，蚌肉乃日常所食，賤之如菜。

台灣也有淡菜養殖，但最大養殖區在馬祖。根據中研院《臺灣貝類資料庫》，馬祖淡菜的品種是「紫殼菜蛤」（*Mytilus edulis*），在馬祖外海掛養，貝肉較大而Q彈。

對喜歡淡菜的人來說，活體冷藏、空運直送來台的馬祖淡菜，非常鮮美，絕非自國外進口的冷凍淡菜可比。

## 海味知識小學堂

| 中文名（學名） | 俗名 | 分類 | |
|---|---|---|---|
| 九孔螺 (*Haliotis diversicolor*) | 九孔、雜色鮑、石決明、台灣鮑魚、珍珠鮑 | 原始腹足目 (Archaeogastropoda) | 鮑螺科 (Haliotidae) |
| 長牡蠣 (*Crassostrea gigas*) | 牡蠣、蚵仔、蠔、大牡蠣 | 鶯蛤目 (Pterioida) | 牡蠣科 (Ostreidae) |
| 黑齒牡蠣 (*Saccostrea mordax*) | 石蚵 | | |
| 葡萄牙牡蠣 (*Crassostrea angulata*) | 長牡蠣 | | |
| 僧帽牡蠣 (*Saccostrea cuccullata*) | 石蚵、岩蚵 | | |

| 中文名（學名） | 俗名 | 分類 | |
|---|---|---|---|
| 蝦夷海扇蛤 (*Patinopecten yessoensis*) | 蝦夷盤扇貝、帆立貝 | 鶯蛤目 (Pterioida) | 光芒海扇蛤科 (Propeamussiidae) |
| 西施舌 (*Sanguinolaria diphos* / *Hiatula diphos*) | 西肚舌、西刀舌、紫晃肉、雙線血蚶 | 簾蛤目 (Veneroida) | 紫雲蛤科 (Psammobiidae) |
| 牛角江珧蛤 (*Atrina pectinata*) | 牛角蛤、牛角蚶、江珧蛤、江瑤、玉珧、櫛江珧 | 貽貝目 (Mytiloida) | 江珧蛤科 (Pinnidae) |
| 綠殼菜蛤 (*Perna viridis*) | 淡菜 | | 殼菜蛤科 (Mytilidae) |
| 紫殼菜蛤 (*Mytilus edulis*) | 馬祖淡菜 | | |

# 第6章

# 盔甲不離身

## 甲殼綱十足目

# 01 蟹、蟳、蠘有何不同？

中文的「螃蟹」，可用來指淡水、陸地、海水的各種蟹類，台語則有「蟹」、「蟳」、「蠘」之分，後兩者專指海蟹，呈現海洋文化的特色。

新北市萬里區的海產行銷品牌「萬里蟹」，包含三大海蟹：花蟹、三點蟹、石蟳，就是來自台語所稱的花蠘仔、三點蠘仔、石蟳。

「螃蟹」之名從何而來？其實古代最早寫成「旁蠏」，旁是左右兩側，以蟹側行而得名，後來「旁」加了「虫」旁，才變成「螃蟹」，但「螃」字不能單獨使用。

「蟹」是「虫」＋「解」，「解」是解甲，本義是軍人脫下鎧甲，對螃蟹來說則是「脫殼」，這是節肢動物的特性。螃蟹的外骨骼（甲殼）會保護身體，但也阻礙生長，所以才要經歷多次脫殼，才能繼續長大。剛脫殼的螃蟹，甲殼尚未硬化，這是軟殼蟹之名的由來，並不是有軟殼蟹此一品種。

螃蟹在分類上屬於甲殼綱十足目，水陸兩棲。根據行政院農委會資料，全世界記錄的蟹類超過五千種，其中十之八九是海蟹，台灣已記錄的蟹類至少有五百種，占了十分之一，可見台灣蟹類資源相當豐富。

毛蟹

在台灣，蟹類大致分成「蟹」（台語音 hē）、「蟳」（台語音 tsîm）、「蠘」（台語音 tshih）。「蠘」一般都叫「蠘仔」（tshih-á），常見簡寫為「市仔」。

台灣最常見的蟹是「毛蟹」，中文名「台灣絨螯蟹」。中國大陸著名的「大閘蟹」，中文名「中華絨螯蟹」。兩者是同為「絨螯蟹屬」的近親，近年來台灣也養殖大閘蟹了。

蟹、蟳、蠘有何不同？台灣清代方志記載了基本的辨別。《噶瑪蘭廳志》（一八五二年）描述如下：

> 蟹：溪澗中有之，蟹生毛，名毛蟹……秋後甚肥美。臍有尖團之別，尖為公蟹，不及團臍母蟹之多黃而香也。海泥中又有小蟹，名大腳仙，螯一大一小，色赤、白相間。又有青蚶蟹，色青白，兩螯獨大。又有金錢蟹，身扁，色赤黑，醃食特佳。

石蟳

蟳：膏多於肉曰紅蟳，無膏者曰菜蟳。大者長尺餘，隨水潮退，殼一蛻一長最堅，生海邊泥塗中。螯無毛，異於蟹。

蠘：形似蟳，但殼有斑點，滋味遜甚，其螯更銳。

我補充一些海洋生物學的解釋。蟹類都有一對「螯足」（蟹鉗）、四對「步足」，總共十足，所以在分類上屬於「十足目」。蟳、蠘都是海蟹，第四對步足長得像槳，適於划水游泳。蟳以螯足強大為特徵，蠘又稱「梭子蟹」（蟹殼如梭兩端尖），螯足比蟳小，但較細長而尖，並有鋸齒。

再從造字來看。蟳是「虫」＋「尋」，《說文解字》：「度人之兩臂爲尋」，「尋」的本意是人以兩臂張開或環抱來測量，這不就是蟳張開兩隻大螯的樣子嗎？

蠘是「虫」＋「截」，《閩中海錯疏》（一五九六年）：「蠘似蟹而大殼……螯有棱鋸，利截物如剪」，這應該就是「蠘」字的由來了。

三點蠘仔

最後來談一下上述《噶瑪蘭廳志》提到「海泥中又有小蟹，名大腳仙，螯一大一小，色赤、白相間」，這就是台灣河海交會口濕地「招潮蟹屬」（Uca）的蟹類，雄蟹有一大螯、一小螯，常會舞動大螯。

中國古代就以「招潮」為此蟹命名，以其舞動大螯會招來潮水。日文稱之シオマネキ（shiomaneki），漢字「潮招」、「望潮」。英文則稱之「提琴手蟹」（Fiddler crab），因為此蟹常舉起大螯，還會以小螯清潔大螯，好像在拉小提琴。

招潮蟹的台語有很多俗名，常聽到「大腳仙」、「紅腳仙」（腳的正字是跤，音kha），以其大螯、紅螯得名。我想到我與翁佳音合著探討台灣地名的《大灣大員福爾摩沙》書中，提出「大腳仙」成為地名的可能性。

高雄市甲仙區舊名「甲仙埔」，台語「埔」指平地，那「甲仙」是什麼意思呢？一般都說取當地原住民被稱「傀儡番」的「傀」（ka），轉音為「甲」（kah），再結合當地楠梓仙溪的「仙」，就變成「甲仙」。但這樣解釋地名由來，會不會太複雜而勉強呢？

探討地名由來，如果找不到具說服力的答案，則不妨提出富有想像力的可能。從地理、生物的觀點推想，因為甲仙的溪流、濕地以前有很多「大腳仙」，所以出現「大腳仙埔」的地名，後來簡化為「腳仙埔」，又被寫成「甲仙埔」，此即「甲仙」地名由來。

## 02 花蟹背上的十字架

花蟹的台語叫「花蠘仔」（hue-tshih-á），中文名「鏽斑蟳」，學名 *Charybdis feriatus*，以其美觀美味，堪稱台灣最高貴也最高價的蟹。台灣人吃花蟹很多年了，但很少有人注意到花蟹背殼上有一個十字花紋。

花蟹分布在太平洋、印度洋從日本到南非的海域，信仰基督宗教的西洋人，很早就發現花蟹背殼上的十字花紋，所以稱此蟹為 Crucifix crab，中文直譯是「十字架蟹」。

「十字架蟹」名稱的由來，與十六世紀天主教耶穌會創始人之一聖方濟・沙勿略（Francisco Javier 或 Francois Xavier，一五〇六至一五五二）的傳說有關。沙勿略是第一位把天主教傳到亞洲的西班牙籍傳教士，曾在印度、馬來西亞、印尼、日本傳教，正準備進中國傳教時因病逝世。

傳說沙勿略在印尼摩鹿加群島或印度半島南端傳教時，他戴在頸上的十字架，因搭船遇風浪掉到海裡，讓他非常懊惱。不久後，當他在沙灘散步時，突然看到有一隻蟹，以雙螯挾著他掉在海裡的十字架，對著他爬過來。

他欣喜若狂，拿起十字架，並向下對著蟹劃十字祝福。從此，這種蟹的背殼上就有了十字花紋的印記。

一五四二年至一五四四年，沙勿略曾在印度南方海岸坦米爾納杜邦的 Manapad 小漁村傳教，他住在海邊的一個大洞穴裡。這個洞穴後來成為沙勿略傳教紀念館，館內也收藏了十字架蟹的標本。

我在 YouTube 看到一支影片「Xavier and the Crab」，模擬拍攝沙勿略與十字架蟹的傳說，但找來當演員的那隻蟹，竟然是陸生的椰子蟹，哈哈！

花蟹在台灣以北部、西部海域較多，台灣著名海產行銷品牌「萬里蟹」的主角就是花蟹，其他還有三點蟹、石蟳等。新北市萬里區的海蟹捕獲量，占全台灣八成以上。

為保護海蟹資源永續利用，行政院農委會已在二〇一四年四月實施「沿近海漁船捕撈蟳蟹類漁獲管制措施」，禁止捕撈甲殼寬未滿八公分的花蟹、三點蟹，甲殼寬未滿六公分石蟳、旭蟹等，以及在每年八月十六日至十一月十五日禁止捕撈抱卵母蟹。

# 03 掠鱟就是抓猴？

鱟是地球最古老的動物之一，最早出現在四億五千萬年前，至今保留原貌，所以被稱為活化石。台灣也曾經有很多鱟，但今天幾近絕跡，只留下一些俗語和歷史。

節肢動物門肢口綱劍尾目的「鱟科」，現存四種，其中分布東亞、東南亞的是「中華鱟」，外殼灰綠色。日文稱鱟為カブトガニ（kabutogani），漢字也用「鱟」。

中國東晉郭璞《山海經註》對鱟就有基本的描述：「鱟魚形如惠文冠，青黑色，十二足，長五六尺，似蟹，雌常負雄，漁子取之，必得其雙。子如麻子，南人爲醬。」

唐元和十四年（八一九年），唐憲宗迎釋迦牟尼佛遺骨入宮供奉，當時刑部侍郎韓愈上〈諫迎佛骨表〉勸諫，唐憲宗大怒，把韓愈貶為潮州刺史。韓愈是河南人，初到靠海的潮州，看見各種奇形怪狀的海產，就寫了一首詩〈初南食貽

鱟

元十八協律〉，主題是「初南食」，贈送給他當「協律」（唐樂官名）的詩友元十八。

這首詩的第一句「鱟實如惠文，骨眼相負行」，就簡單描述了鱟的外型和特性。鱟魚的外殼很像「惠文冠」（秦漢以來武官的冠帽），眼睛長在背上，雌鱟常背著雄鱟行走。

宋《集韻》：「鱟，魚名，似蟹，有子可為醬。」正好鱟的英文俗名就是「馬蹄蟹」（Horseshoe crab），日文漢字也稱鱟為「甲蟹」。

台灣清代方志對鱟的描述和利用，就更清楚了。

《臺灣府志》（一六八五年）：「鱟，海中甲蟲也，上覆以殼，殼上有刺，下有十二足，尾長尺餘，硬而且尖。雌常負雄，雖波濤不解，漁人每雙得之。」

淡水廳志（一八七一年）：「鱟，殼甚堅，可作杓，尾長如鎗，有足十二，生腹下。置之水中，雄小者浮，雌大者沈，雌常負雄行，雖波濤不解。失隅則不能獨活，故號鱟媚，漁人必雙得之。腹中有子如粟，可醃醬。」

文中提到的「杓」，台語稱之「鱟桸」（hāu-hia），這是早年以鱟殼製成、用來舀水的杓子，現在可泛指較大型的杓子。此外，鱟的腹甲也可畫上虎頭，掛在門上作為辟邪之用。

先民看雄鱟雌鱟形影不離，稱之「夫妻魚」、「鴛鴦魚」。台語俚諺也說：「掠孤鱟，衰到老」，「掠鱟公，衰三冬；掠鱟母，衰倒久」（台語「倒」是顛倒、更加之意），比喻拆散恩愛夫妻有損陰德，恐帶來厄運。

台語稱抓姦「掠猴」（已成台式華語「抓猴」），有人認為應該是「掠鱟」，比喻捉姦見雙，因「鱟」（hāu）、「猴」（kâu）發音相近而被誤傳為「掠猴」。

但我認為，以台語俚諺對鱟的敬意，此說似乎對鱟不敬，鱟既然是鶼鰈情深，哪來的姦情？何況台灣早年就有婦女戲稱丈夫「老猴」，連橫《臺灣語典》也解釋「掠猴」：「姦夫曰猴。」

才一百多年前，清同治年間台灣淡水同知陳培桂所著的《淡水廳志》（一八七一年），提到「雞籠八景」：「鱟嶼凝烟、社寮曉日、海門澄清、杙峯聳翠、奎山聚雨、毬嶺市雲、峯頂觀瀑、仙洞聽潮。」當時在雞籠港內、接近市街處，以「鱟公」、「鱟母」為名的兩座島嶼，風景名列第一。

日本統治台灣初年即興建基隆港，「鱟公嶼」於一九〇六年基隆築港第二期工程中挖除，「鱟母嶼」則因填海造陸成為市區之一部分。

今天，台灣人想看鱟要去澎湖、金門。一九九九年，金門縣政府劃設「金門古寧頭西北海域潮間帶鱟保育區」。二〇〇八年，農委會水產試驗所澎湖海洋生物研究中心在青灣設立「鱟生態育成區」。

今天，在台灣本島想要保護鱟都來不及了！

# 海味知識小學堂

| 中文名（學名） | 俗名 | 分類 | |
| --- | --- | --- | --- |
| 鏽斑蟳 (*Charybdis feriatus*) | 花蟹、花市仔、火燒公、十字蟹、花紋石蟹、花蠘仔 | 十足目 (Decapoda) | 梭子蟹科 (Portunidae) |
| 三點蟹／紅星梭子蟹 (*Portunus sanguinolentus*) | 外海市仔、三目公仔、三點仔、三點蠘仔 | | |
| 善泳蟳 (*Charybdis natator*) | 石蟳、石蟳仔 | | |
| 台灣絨螯蟹 (*Eriocheir rectus* / *Eriocheir formosa*)<br>原名：直額絨螯蟹 | 青毛蟹 | | 方蟹科 (Grapsidae) |
| 台灣扁絨螯蟹 (*Platyeriocheir Formosa*) | 青毛蟹 | | |
| 中華絨螯蟹 (*Eriocheir sinensis*) | 大閘蟹 | | |
| 中華鱟 (*Tachypleus tridentatus*) | 三棘鱟 | 劍尾目 (Decapoda) | 鱟科 (Limulidae) |

# 第7章

# 淡水魚的身世

# 01 本草綱目中的鯉魚、鯽魚、草魚、鰱魚

台灣是海島，海水魚很多，難得淡水魚也不少，不含河口魚類、河海洄游魚類的「純淡水魚類」約有六十種，包括常見的鯉魚、鯽魚、草魚、鰱魚四種食用魚，其中除了台灣原生種鯽魚外，都是早年閩粵移民從原鄉引進。

根據中研院《臺灣魚類資料庫》，鯉科的「鯉」、「鯽」是雜食性，「草魚」、「鰱」則以水草、藻類及浮游植物為食。

明李時珍《本草綱目》也介紹這四種鯉科的魚，並簡單說明魚名由來。

- 鯉魚：鯉鱗有十字紋理，故名鯉。
- 鯽魚：鯽魚旅行，以相即（靠近）也，故謂之鯽。
- 鯇魚：俗名草魚，因其食草也。
- 鰱魚：好群行，相連也，故曰鰱。

鯉魚是全世界分布最廣、養殖歷史最久的淡水魚，中國民間自古就有飼養鯉魚的習俗。如

果從「魚」＋「里」的造字來看，《說文解字》：「里，居也」，可說是有人居住的地方就有鯉魚。

鯉魚在漢文化中是美味而高貴的魚，不但因其「三十六鱗，合六六之數」，而被稱「魚中之王」，還跟龍一樣身披鱗片、嘴有長鬚，並且充滿活力，所以有「鯉躍龍門」的傳說，即黃河鯉魚跳過山西的龍門峽谷即化為龍。

鯉魚的閩南語也俗稱tāi、tāi-á，在清代福建和台灣的方志都使用「鰱」字，目前教育部《臺灣閩南語常用詞辭典》使用「𩵚」字，《漢典》則稱「鮘」是鯉魚的閩語。

台灣除了有「鯉魚潭」的地名，也有「鰱魚堀」（坪林）、「鰱魚潭尾」（鳳山）的地名。

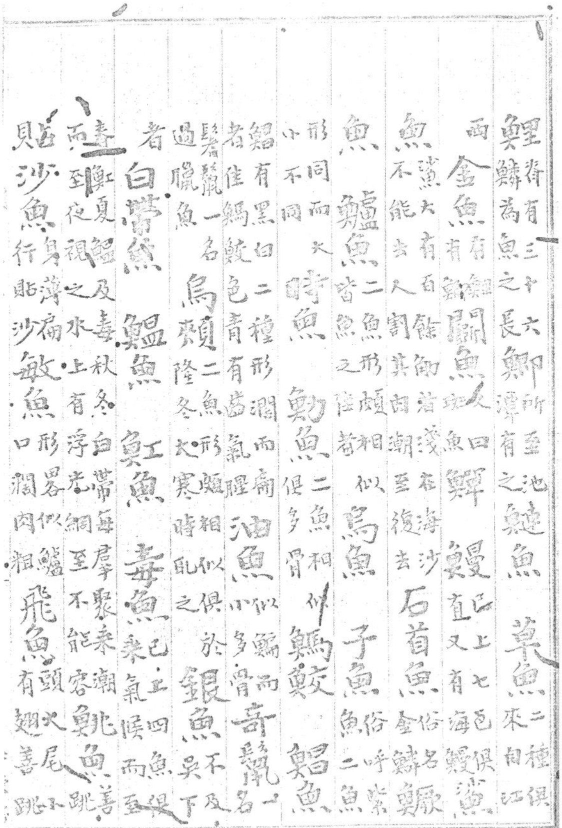

萬曆《泉州府志》卷之三提到鯉、鯽、鰱、草魚，並說後二者俱來自江西。

鯽魚體型較小，台灣原生種鯽魚俗稱「鯽仔」、「鯽仔魚」，適應力強、警覺性高，在各種類型的水中皆能存活，以水草雜生、泥質淺水域最多。

草魚、鰱魚在福建和台灣的方志常放在一起談，明《閩中海錯疏》（一五九六年）：「草鰱二魚，俱來自江右……仲春取子於江，曰魚苗，畜於小池，稍長，入塘……可尺許，徙之廣池，飼以草，九月乃取。」「江右」指長江下游以西，即江西。

在台灣，草魚、鰱魚常放養在水庫，作為食草、除藻的「工作魚」，以維持水質清潔、生態平衡。

有一句台語俗語「大甲溪放草魚」（放音pàng），指在河流中放養草魚，一定有去無回，比喻做事不得要領，愚不可及。

美國在一九七〇年代引進草魚、鰱魚等鯉科魚類，稱之「亞洲鯉魚」（Asian Carp），以控制水塘、湖泊中過多的水草、藻類及浮游植物。但這些外來種魚類長得又快又大，而美國人並不食用，因大肆繁衍反而造成生態危害。

台灣則沒有這種困擾，水庫旁的餐廳早就開發了「活魚三吃」，以至於十吃、百吃。一般中餐廳的「豆瓣鯉魚」、「醋溜草魚」、「砂鍋鰱魚頭」、「蔥㸆鯽魚」，也一直是很受歡迎的河魚料理。

「㸆」是江浙菜特有的料理方法，以醬油、糖、酒用小火燜煮至軟爛入味，常誤寫為「烤」。

# 02 香魚真的香噴噴？

香魚以香為名，到底是什麼香味？不要跟我說烤香魚很香！

根據中研院《臺灣魚類資料庫》，胡瓜魚科的「香魚」，分布在西北太平洋區域，包括中國、日本、韓國、琉球、台灣等。香魚是河海洄游魚類，可分兩種：一是降海型，春季從海灣回溯河川成長，秋季從河川游至海灣產卵，產卵後即死亡，因壽命一年故稱「年魚」；一是陸封型，只在淡水生長，體型較小，可產卵二至三次，壽命二至三年。

台灣原生香魚屬降海型，日本則降海型、陸封型香魚都有。在一九六〇年代，台灣因興建水庫、河川汙染等因素，阻斷香魚河海洄游，造成香魚絕種。後來，台灣從日本琵琶湖等處引進陸封型香魚，在水庫、溪流放養，因養殖成功，已能供應市場。

香魚在中國各地有很多俗名，例如在山東叫「春生魚」、「海胎魚」。「香魚」之名則來自浙東，因有獨特香氣而得名。

浙江《臨海縣志》：「香魚，鱗細不腥，春初生，月長一寸，至冬盈尺。赴潮際生子，生已輒槁。」

浙江溫州名山「雁蕩山」有五珍：雁山茶、觀音竹、金星草、山樂官（一種已絕種的鳥）、香魚。香魚在清朝乾隆年間是貢品。

閩南則稱香魚為「溪鰮」。福建泉州《晉江縣志》：「溪鰮，浙東之香魚也，今溪中亦有之。」《漳州府志》也提到南靖、平和兩地山溪間的溪鰮為香魚。

如何較具體的來形容香魚的香味呢？香魚在台灣和中國大陸的中文科名都叫「胡瓜魚科」，應該源自香魚的日文科名「キュウリウオ科」，「キュウリ」的日文漢字是「胡瓜」，「ウオ」是日文的「魚」，所以「キュウリウオ」（kyuuriuo）的日文漢字就是「胡瓜魚」。

日本人為什麼稱之「胡瓜魚」呢？因為這種魚剛捕獲時，身上有「胡瓜」（台灣稱小黃瓜）的味道。我看網路資料，有人說野生香魚有西瓜、香瓜的味道。

日文「キュウリウオ科」（漢字「胡瓜魚科」）下的アユ（ayu，*Plecoglossus altivelis*），這個名字，台灣人就知道是指香魚了！

日文也用漢字「鮎」來稱香魚，但「鮎」在中國古代指鯰魚（英文 Catfish），日文也引用。為什麼後來改用「鮎」來稱香魚呢？主要有兩種說法：

一、「鮎」字拆開是「魚」＋「占」，「占」有占領之意，符合《臺灣魚類資料庫》對香魚的描述：「具強烈領域性，強壯的成魚會占領一塊長滿藻類的大礫石，不准其他香魚靠近；如果有外來香魚侵入領域，則會用身體去撞擊，將其趕出。」

二、日本歷史傳說中的第一位女王「神功皇后」，即西元三世紀第十四代仲哀天皇的皇后，在征戰新羅（朝鮮半島東南的古國）前以釣魚「占卜」，結果釣到香魚，視為吉兆，故以同樣具有「占領」意味的「鮎」字，為香魚命名。

日文改以「鮎」字來稱呼香魚後，就再造「鯰」字來代替「鮎」字，這兩個漢字的日文音讀都是ねん（nen）。後來，中文也跟著日文使用「鯰」字了。

在台灣清代方志，香魚被稱為「甲魚」、「傑魚」、「⿰魚桀魚」、「國姓魚」。台語「⿰魚桀」音kia̍t，與「傑」同音。

《諸羅縣志》（一七一七年）：「甲魚，方言名傑魚。巨口，細鱗，無刺，形如鯔，味甚美，長者可六、七寸，出淡水武勝灣等社。」「北路之產，有臺、鳳所無者，如水沙連之茶，竹塹、岸裡之筀竹筍，淡水之甲魚，皆其美者也。」

《噶瑪蘭廳志》（一八五二年）：「⿰魚桀魚，出淡、蘭一帶，近內山者尤多。土人呼國姓魚，謂鄭成功至臺始有之。」

《淡水廳志》（一八七一年）：「鰷，近內山溪澗甚多，俗呼國姓魚，偽鄭至臺始有之。」

在日本時代，連橫《臺灣通史》：「鰷，俗稱國姓魚，亦曰香魚，產於臺北溪中，而大嵙崁尤佳。」

《臺日大辭典》（一九三一年）也收錄「國姓魚」、「鰷魚」，日文的解釋就是「鮎」（あゆ，ayu）。

根據上述資料，「國姓魚」之說，應該是台灣「鄭成功神話」的一例，因為台灣和福建本來都有香魚。

「鰷魚」在清末成為淡水廳的地名「鰷魚坑莊」，戰後改為「傑魚」，今新北市瑞芳區有「傑魚里」、「傑魚坑路」、「傑魚坑溪」（八分溪）等地名，據說古早時代有香魚聚集在此產卵。

「鰷」字從何而來?魚邊的「桀」是什麼意思?有人說香魚因領域性很強的習性，被比喻中國夏朝暴君「桀」，才稱鰷魚，但這種說法似乎沒什麼說服力。

如果回到台灣清代方志最早稱香魚為「甲魚」、「傑魚」，先不論「甲魚」一般指鼈，台語「甲」有排序在前、優等的意思，「傑」有能力、出眾的意思，那麼先民以「甲」、「傑」來評鑑香魚的美味，也算合理。

# 03 鱸鰻可不是流氓

「鱸鰻」是台灣溪流的鰻魚，被影射華語為非作歹的「流氓」，所以「大尾鱸鰻」指大流氓，也成為電影片名。其實鱸鰻的本名是「蘆鰻」，在台語發音「鱸鰻」與「流氓」也不相同。

「流氓」一詞原指無業遊民，後來才變成破壞社會秩序的不法分子。在台灣的清、日文獻中，流氓大都指「無業流氓」，例如：「招徠流氓拓田」、「集流氓，墾荒地」、「初有閩、廣流氓冒入番地，屏逐土人」。

我還記得侯孝賢導演以二二八事件為背景的電影《悲情城市》（一九八九年），片中由掌中戲大師李天祿飾演的林家長輩，他以台語

鱸鰻

稱當時來台灣的上海幫派人物為「流氓」（liû-bâng），而不是「鱸鰻」（lôo-muâ）。

現在教育部《臺灣閩南語常用詞辭典》有「鱸鰻」而沒有「流氓」詞條，但日本時代《臺日大辭典》（一九三一年）兩條都有，「流氓」（liû-bîn）指流離人、流浪人，「鱸鰻」（lô͘-môa）除了指動物，也比喻時常帶凶器向人勒索的惡漢。

由此可見，台灣在日本時代已用「鱸鰻」來比喻惡人了。其實《廈門音新字典》（一九一三年）、《廈英大辭典》（一八七三年）也都有廈門腔白話字羅馬拼音的 lô͘-môa 詞條，除了指河流的大鰻魚，也比喻不務正業、做壞事的人。

鱸鰻被比喻為惡人，大概與夜行性、大又生猛的掠食習性有關。有趣的是，台語「鱸鰻骨」卻指帶有「鱸鰻性」的人，用來比喻懶惰、整天無所事事的人，因為據說鱸鰻在白天就是一副無精打采的樣子。

現在台灣人對這種溪中大鰻的名字，根據的是《臺日大辭典》使用的漢字「鱸鰻」。戰後，因台語「鱸鰻」與華語「流氓」（ㄌㄧㄡˊ ㄇㄤˊ）諧音，才讓人誤以為台語的「鱸鰻」與「流氓」同音同義。其實，從鱸鰻在清代台灣和福建方志的稱呼「蘆鰻」，才能看出命名的由來。

- 《諸羅縣志》（一七一七年）：「鰻有烏、白二種，烏者為上。又溪有蘆鰻，赤黑色，大者十餘觔（斤），以食蘆芽，故名。」

- 《淡水廳志》（一八七一年）：「蘆鰻，近內山溪澗甚多，天寒出遊澗邊，食蘆竹心。」
- 泉州《晉江縣志》：「蘆鰻，大如升，長四五尺，能陸行，食蘆筍。」
- 日本時代台灣文人連橫《臺灣通史》：「鰻，鹹水亦有。別有蘆鰻，產內山溪中，專食蘆茅，徑大及尺，重至數十斤，力強味美。」

上述文獻提到蘆鰻會吃蘆竹心、蘆芽、蘆筍、蘆茅，指的都是蘆竹的嫩芽。蘆竹並不是竹，而是台灣原生蘆葦屬（*Phragmites*）植物，分布在內陸溪邊。

蘆鰻身體有黏液，可暫時離開水裡爬到陸地，牠除了吃水裡的魚蝦，也吃岸邊的青蛙，甚至路過的小雞小鴨，尤其還會吃蘆竹的嫩芽。這是牠給人最特別的印象，也是此鰻以「蘆」為名的由來。

今天，台灣還有「鱸鰻」的地名，例如新北市石碇區、花蓮縣玉里鎮的「鱸鰻潭」。臺灣二〇二二年十月上映、以臺東縣綠島鄉白色恐怖時期為歷史背景的電影《流麻溝十五號》，「流麻溝」是地名，其舊名是諧音的「鱸鰻溝」。

台灣溪流有兩種鰻，一是「鱸鰻」，一是「白鰻」，這兩種鰻都在溪中成長，但會游到海裡產卵。

流麻溝是綠島最長的溪流，當地民生取水之處，在電影中可見被管訓的女思想犯來此挑水。此溪以盛產鱸鰻而得名，後來被雅化或誤寫。

台灣清代方志又說：「蘆鰻謂之鰻鱺，魚腹白，有舌無鱗，背有肉鬣連尾，生泥中。」「鰻鱺有雄無雌，以影鰻鱧生子。」「以影鰻於鱧魚，則其子皆附鱧之鬐鬣而生，故謂之鰻鱺也」。

鱧魚就是台語所說的「鱺魚」，也寫成「雷魚」。「鱺」是「鱧」的異體字，「鰻鱺」就是鰻與鱺的合體。

怎麼說呢？古人對蘆鰻認識不多，產生神祕感，尤其從沒看過蘆鰻在溪河中產卵，不知蘆鰻雖生活在淡水中，卻會游到海裡產卵，所以傳說蘆鰻游過鱧魚，鱧魚背鰭的小鬚就會化為鰻苗，

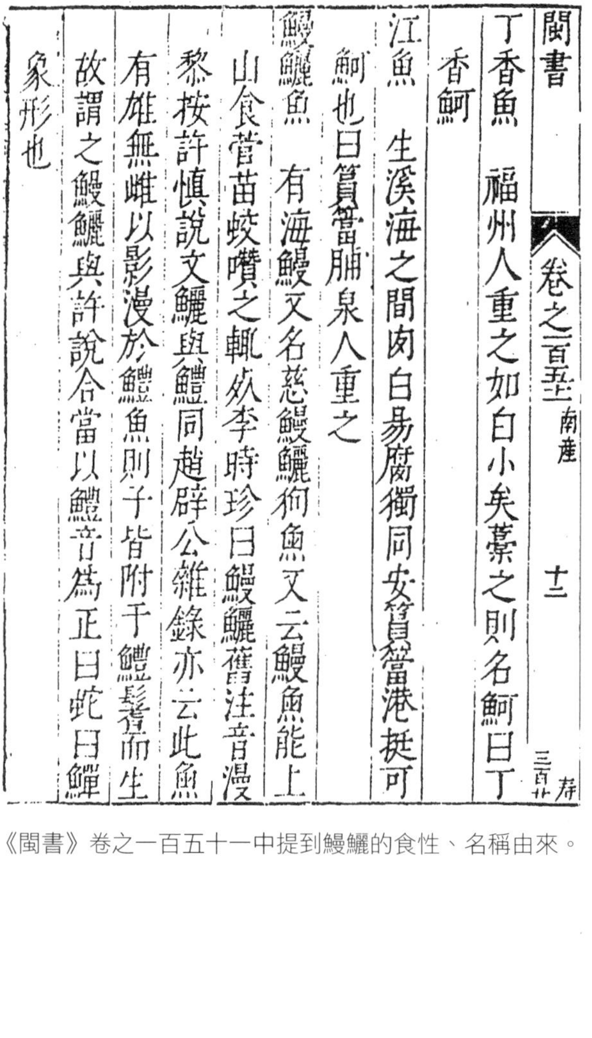
閩書　卷之一百五十一　南產　十三　存　三百廿

丁香魚　福州人重之如白小矣藁之則名鮰曰丁香鮰

江魚　生溪海之間肉白易腐獨同安篔簹港挺可鮰也曰篔簹脯泉人重之

鰻鱺魚　有海鰻又名慈鰻鱺狗魚又云鰻魚能上山食菅苗蛟嚽之輒死李時珍曰鰻鱺舊注音漫黎按許慎說文鱺與鱧同趙辟公雜錄亦云此魚有雄無雌以影漫於鱧魚則子皆附于鱧鬐而生故謂之鰻鱺與許說合當以鱧音為正曰蛇曰鱓象形也

《閩書》卷之一百五十一中提到鰻鱺的食性、名稱由來。

故稱「鰻鱺」。

台灣有一首台語童歌：「西北雨直直落，鯽仔魚欲娶某，鮎鮘兄拍鑼鼓，媒人婆仔土虱嫂。」台灣山上溪流早年常見鮎鮘和鱸鰻，所以說：「水底出鮎鮘，石孔出鱸鰻。」

根據中研院《臺灣魚類資料庫》，鱸鰻是「鰻鱺科」的「花鰻鱺」，又稱花鰻、黑鰻、烏耳鰻、土龍等。鱸鰻在河流中可活十多年以上，最大體長達兩百公分，所以曾有新聞報導有人捕獲比人高的鱸鰻。

台灣淡水鰻魚另一種體型較小的「日本鰻鱺」，又稱白鰻、正鰻、日本鰻等，常用來加工製作「蒲燒鰻」。

鱸鰻在台灣曾被列為保育類物種，但已在二〇〇九年解除。由於台灣民間視鱸鰻為補品，常以中藥燉煮，所以後來發展了鱸鰻養殖。

## 04 拍鑼鼓的鮕鮘兄

古早時代，台灣溪流中有鮕呆和鱺魚，這是很多人童年在溪潭戲水釣魚的回憶，也是早年生病手術身體虛弱的食補。

鮕呆也寫成鮕鮐、鮕鮐等，目前教育部《臺灣閩南語常用詞辭典》的用字是「鮕鮘」。鱺魚也寫成雷魚，這是日文漢字的寫法。

在分類上，鮕鮘和鱺魚都屬「鱧科」的鱧魚，生命力極強，特別是擁有可以輔助呼吸器官的「上鰓器」，成為可以呼吸空氣的魚類，所以能夠生存在混濁或溶氧量低的環境，甚至短時間離水也不會死亡。

根據中研院《臺灣魚類資料庫》，台灣有兩種原生種鱧魚，一是較小的「七星鱧」，最大體長二十五公分，俗稱鮕鮘；一是「斑鱧」，體長可達四十五公分，俗稱鱺魚。不過，常有人把這兩種魚都統稱鮕鮘。

從英文俗名來看，「鱧科」是 Snakehead（蛇頭魚），「七星鱧」是 Small snakehead（小蛇頭魚），「斑鱧」是 Blotched snakehead（有汙漬的蛇頭魚），可以看出台灣這兩種鱧魚外表的差異。

台灣清代方志對這兩種鱧魚的記載都差不多，清康熙《重修臺灣府志》（一七四七年）：「鮎鮐尾有星，多穴於塗泥中。」「鱺魚，溪澗中魚之最惡者，引子遊水，眾魚不敢犯。」

鮎鮘的特徵之一就是「尾有星」，也就是尾鰭基底有一個大而明顯的黑色眼斑，但台灣中文名「七星鱧」，卻不知「七星」從何而來？中國大陸中文名則稱之「月鱧」，以其身上有新月形的斑紋（見第一七一頁）。

鱺魚長得比鮎鮘大很多，所謂「引子遊水，眾魚不敢犯」，其實是鱧魚本有保護幼魚的習性。鱧魚是肉食性，掠食相當凶殘，堪稱水中之霸；但體型較小的鮎鮘，在台灣民間具有親切的形象。鮎鮘尾鰭上的大黑斑，傳說是土地公出巡時迷路，鮎鮘幫忙指路，土地公在鮎鮘身上蓋了大圓印以示嘉獎。

此外，從前有人會在井裡養鮎鮘，除了可吃掉蚊蟲及蟲卵以保持水質乾淨，萬一被下毒也能從魚屍看出。

在日本的大阪、琉球，有一種鱧魚（日文稱雷魚）叫コウタイ（Koutai）。咦！怎麼發音那麼像台語的鮎鮘（koo-tai）？原來，這是琉球最早引進的外來種鱧魚，就是台灣的鮎鮘！

由於在生態保育上的疏失，後來台灣又多了兩種鱧魚，也常被稱為鮎鮘，正在威脅台灣河川其他水族。一是「線鱧」，俗稱泰國鱧，最大體長一百公分；一是更可怕的「小盾鱧」，最大體長一百三十公分，本來是觀賞用，後來卻變成台灣溪流的大殺手，被稱為「魚虎」。

明《閩中海錯疏》（一五九六年）：「鱧，文魚也。一名烏鯉，圓長而斑，首有七點作北斗象。肉美膽甘，無鱗，夜則昂首北向，嶺南謂之元鱧。」接著還解釋說：「鱧夜仰首北向，有自然之禮。製字從禮，惟膽甘。製字以醴，惟肉美。」這段話也說明鱧魚命名的由來。

但此文說鱧魚頭上有七個斑點，而台灣的七星鱧、斑鱧卻無此特徵，尤其七星鱧還以「七星」為名，讓人納悶。

隨後我發現，中國大陸網路上有幾篇在討論斑鱧與「烏鱧」的區別，原來兩者長得很像，而中國大陸全境都有烏鱧，只有南方才有斑鱧。此外，中醫也在談烏鱧的藥性。

《閩中海錯疏》所說，一名烏鯉、頭上有七星的鱧魚，會不會就是烏鱧呢？對比照片，果然沒錯！從上方俯視魚身，斑鱧頭頂從頭向尾有漢字「一八八」的斑紋，而烏鱧頭頂從頭向尾則有一＋二＋二＋二共七個大斑點。

英文資料也有「How to Differentiate *Channa argus*, *Channa maculata* & hybrid of both」，比對烏鱧、斑鱧，以及兩者的混種。一般來說，烏鱧的頭比斑鱧長，較像蛇頭；烏鱧的身體也比斑鱧長，身上的斑點也較大。

烏鱧的英文俗名 Northern snakehead（北方蛇頭魚），這種中國人餐桌上的美味和食補，近年來已入侵北美江湖，威脅河川生態。

烏鱧

斑鱧

鮎鮘（七星鱧）

美國《國家地理頻道》在二〇〇七年製作專題：Fishzilla: Snakehead Invasion，形容蛇頭魚「It's got teeth like a shark, a taste for blood, and it even walks on land（牙齒像鯊魚，嗜血，甚可在陸地行走）」。

何謂 Fishzilla？原來是模仿 Godzilla！Godzilla 是一九九八年美國科幻電影的片名，源自日本怪獸系列電影《ゴジラ》，台灣譯為《酷斯拉》，描述因核爆試驗影響而突變為巨大蜥蜴入侵紐約的故事。以魚界的 Godzilla 來比喻蛇頭魚的破壞力，果然嚴重。

最後，我不得不問，如果七星鱧並沒有烏鱧頭上的七大斑點，為什麼會以「七星」為名呢？

## 海味知識小學堂

| 中文名（學名） | 俗名 | 分類 | |
|---|---|---|---|
| 鯉 (*Cyprinus carpio*) | 財神魚、在來鯉、鮘仔、西鯉、鯉魚 | 鯉形目 (Cypriniformes) | 鯉科 (Cyprinidae) |
| 鯽 (*Carassius auratus*) | 細頭、本島仔、本島鯽、土鯽、鯽仔、鯽魚 | | |
| 草魚 (*Ctenopharyngodon idella*) | 草根魚、池魚、鯇、鯶 | | |
| 鰱 (*Hypophthalmichthys molitrix*) | 鰱仔、白葉仔、白鰱、竹葉鰱、鰱魚 | | |
| 香魚 (*Plecoglossus altivelis*) | 年魚、Ayu、春生魚、海胎魚、鰈魚 | 胡瓜魚目 (Osmeriformes) | 胡瓜魚科 (Osmeridae) |

| 中文名（學名） | 俗名 | 分類 | |
|---|---|---|---|
| 花鰻鱺 (*Anguilla marmorata*) | 黑鰻、花鰻、土龍、烏耳鰻、鱸鰻 | 鰻形目 (Anguilliformes) | 鰻鱺科 (Anguillidae) |
| 日本鰻鱺 (*Anguilla japonica*) | 白鱔、淡水鰻、正鰻、鰻鱺、日本鰻、白鰻、土鰻 | | |
| 七星鱧 (*Channa asiatica*) | 鮎鮘、月鱧 | 鱸形目 (Perciformes) | 鱧科 (Channidae) |
| 斑鱧 (*Channa maculata*) | 鱺魚、南鱧、鮎鮘、雷魚 | | |
| 線鱧 (*Channa striata*) | 泰國鱧、泰國魚虎 | | |
| 小盾鱧 (*Channa micropeltes*) | 魚虎、金筆 | | |
| 烏鱧 (*Channa argus*) | 黑魚、生魚、烏魚、烏棒、蛇頭魚、北方蛇頭魚、文魚、才魚 | | |

第8章

# 水中放養區

# 養殖魚類

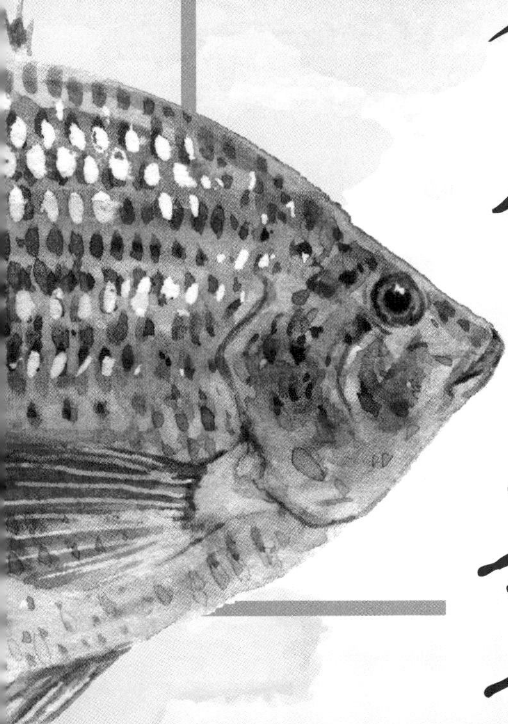

## 01 吳郭魚和台灣鯛

戰後引進台灣的「吳郭魚」，魚名就訴說了傳奇，也成為最廉價的養殖魚，供給貧窮人家。二十一世紀更以台灣漁業技術打造了「台灣鯛」（Taiwan Tilapia）品牌，行銷國際市場。

根據中研院《臺灣魚類資料庫》，麗魚科口孵非鯽屬的「莫三比克口孵非鯽」，以其易於雜交的特性而廣為世界養殖，在台灣有幾種俗名：因原產於非洲，而稱之「非洲仔」；因從南洋引進而稱之「南洋鯽仔」；為紀念從南洋帶回魚苗的吳振輝、郭啟彰，而稱之「吳郭魚」。

先解釋中文屬名「口孵非鯽」是什麼意思：「口孵」是專門用詞，指某些魚類有以口護卵、育幼的行為。「非鯽」是非洲鯽魚的簡稱，這是中國大陸的命名，因為此魚原產於非洲，又長得很像鯽魚。

二戰期間，日本為了軍需，在南洋占領區養殖「帝士魚」，就是上述的「莫三比克口孵非鯽」。

一九四六年，日本戰敗的第二年，被徵召去南洋服役、在新加坡兵營等待遣返台灣的吳、郭二人，因了解這種養殖魚的價值，就潛入養殖場，脫下內衣當魚網，撈取魚苗。第二天上船時共有十六尾，在十天航程中，以配給的生活用水為魚苗換水，回到高雄時還存活十三尾，成了後來台灣億萬吳郭魚子孫的「開台祖」。

後來，台灣水產養殖專家又陸續引進其他幾種「口孵非鯽屬」的魚，進行雜交以改良品種。因此，在台灣育種成功的「紅尼羅魚」、「福壽魚」、「單性吳郭魚」等，都被視為廣義的吳郭魚。

「台灣鯛」之名從何而來?由於「麗魚科」又稱「麗鯛科」、「慈鯛科」，其中有個「鯛」字，而台灣人都知道鯛魚是日本人眼中的第一等魚，所以吳郭魚就化身台灣鯛了。

然而，並不是所有的吳郭魚都能稱為台灣鯛。台灣鯛除了品種改良之外，還有生產、加工的規範和認證，包括以乾淨的鹹水或半鹹水養殖，收成前的魚體潔淨，收成後的宰殺、放血、去鱗，以及冷凍魚片加工製造流程等。

吳郭魚

吳郭魚屬於雜食性，又有很強的環境適應力及疾病抵抗力，加上成長快、魚體大、高蛋白、口味佳，已成為全世界水產養殖、魚菜共生（Aquaponics）最重要的魚類之一。

吳郭魚在世界各地有不同的名字，英語稱之Tilapia，源自南非班圖語（Bantu languages）中的Sesotho（Sotho）及Tswana語Tlhapi，本意就是魚。我覺得，在以色列，以耶穌門徒彼得命名的「聖彼得魚」（St. Peter's fish），雖然是出於觀光行銷的創意，但在今天頗具寓意。

在以色列最大湖加利利海（Sea of Galilee）周邊，以及附近被認為是耶穌家鄉、彼得故居的迦百農（Capernaum），那裡的餐廳會提供湖中的「聖彼得魚」：

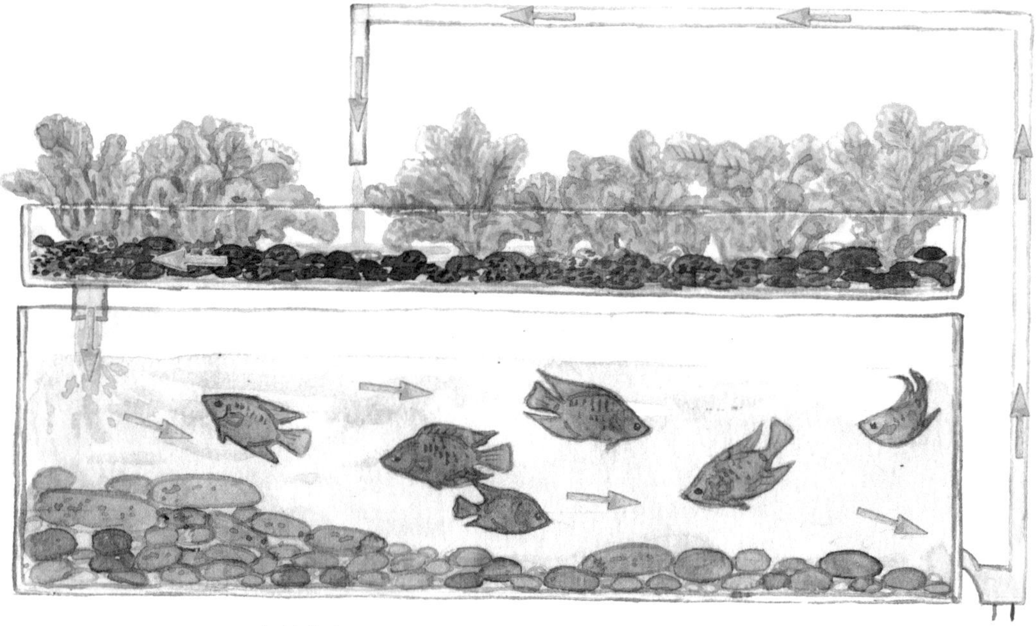

魚菜共生圖：結合水產養殖和水耕作物的共生系統

這是源自新約聖經記載，耶穌以「五餅二魚」餵飽五千人的神蹟。

「聖彼得魚」的命名，主要來自聖經馬太福音寫到漁夫彼得捕到一尾嘴巴裡有一枚硬幣的魚，但經文中並未提及魚名。

「聖彼得魚」就是吳郭魚的一種，稱之「加利略帚齒非鯽」，分布於非洲及亞洲約旦河。

人類面對野生海魚可能即將枯竭，應如何解決人類的食物危機問題，吳郭魚養殖勢必將扮演更重要的角色。

不過，吳郭魚也因水產養殖入侵世界熱帶、亞熱帶地區的河川，破壞當地河川生態系統，而被視為有害的外來種魚類。

在台灣，吳郭魚已遍布各溪流中下游，成為生態殺手。但，看到吳郭魚在髒臭淺水中仍能存活，也不得不佩服其生命力之強盛！

# 02 虱目魚的過去與未來

台灣兩大養殖魚是吳郭魚與虱目魚，虱目魚的養殖歷史最早，甚至可能在十七世紀以前就開始了。

虱目魚分布於太平洋、印度洋熱帶、亞熱帶的海域，可以生長在海水、半鹹水、淡水中。虱目魚沒有牙齒，主要以水中的藻類、無脊椎動物為食，很適合在海岸建造魚池養殖。

荷蘭人在一六二四年至一六六二年統治台灣，記載南台灣有養魚的「塭仔」（oenij），清代文獻則說南台灣魚塭中生產「虱目」、「麻虱目」。

根據聯合國糧農組織（UNFAO）的資料，全世界最早養殖虱目魚的紀錄，在十五世紀之前印尼爪哇島的東部，以及爪哇島東北方的島嶼馬都拉。此一資料是根據荷蘭人的記載，在一四〇〇年爪哇人的法律中，從魚池（印尼語 Tambak）偷魚的人會被處罰。

菲律賓養殖虱目魚也是歷史悠久，因養殖興盛、食用人口眾多，還把虱目魚定為「國魚」（National fish）。

台灣原住民與菲律賓人、印尼人同屬南島語族，中國閩粵沿海居民也很早就與東南亞往來，所以台灣也可能在荷蘭人統治之前就有虱目魚養殖。

虱目魚在世界各地有不同的名字。印尼語稱之 Bandeng，菲律賓語稱較小的養殖虱目魚 Bangus（Bangos）、較大的野生海水虱目魚 Sabalo。Sabalo 是菲律賓的外來語，源自西班牙語（西班牙語以 Sabalo 泛稱中南美洲、東南亞海域的虱目魚）。英語可能以虱目魚白色魚肉、富含蛋白質而稱之 Milkfish，即牛奶魚。

在台灣，台語「虱目魚」（sat-bák-hî／hû）的語源有很多說法，但有的是笑話，例如鄭成功的「什麼魚」之說；有的是望文生義，例如把「虱」當成「蝨」去聯想。

還有人說，虱目魚長得有點像鯖魚，而日文稱鯖魚サバ（saba），與台語「虱目」諧音，台灣人在日本時代把這兩種魚的名稱混淆了。這種說法顯然有誤，因為台灣最晚在清代就有「虱目」魚名，而說台灣人分不清鯖魚、虱目魚，也是侮辱了先民的智慧。

我認為比較有依據的是以下兩種說法：

一、「虱目」是「塞目」。虱目魚的眼睛有脂性眼瞼遮住眼睛，故稱之「塞目」，台語「塞」與「虱」發音相同。

二、「虱目」源自菲律賓語，稱野生海水虱目魚 Sabalo。台灣與菲律賓自古往來密切，南台灣稱番茄「柑仔蜜」，就是源自菲律賓語 Kamatis。

不過，這兩種說法都無法解釋虱目魚的全稱：「麻虱目」（muâ-sat-ba̍k）。日本時代台南文人連橫《臺灣通史》：「臺南沿海素以畜魚為業，其魚為麻薩末，番語也。」連橫說的「番語」就是指非漢語，有可能是台南原住民西拉雅族的語言，但也無法確定。

二〇一六年八月，報載因台灣蔡英文政府不承認九二共識，中國大陸水產商終止與台南學甲虱目魚契作，為此養殖業者將前往北京爭取恢復。但台灣虱目魚無法打進對岸市場，到底是政治因素？行銷問題？或者涉及飲食文化？必須釐清。

所謂終止契作，精確的說法應該是：二〇一一年「國台辦」副主任鄭立中促成兩岸展開五年虱目魚契作，二〇一六年期滿不再續約。為什麼不再續約？或許與政治有關，但主要原因恐怕是對岸一般民眾無法接受冷凍進口、多刺又有土味的虱目魚，這不是改名「狀元魚」就能解決的。

事實上，自二〇一五年起，對岸承銷台南契作虱目魚的福建海魁水產集團，在收購後就全數在台轉售，一尾也沒跨過台灣海峽。台灣雖然仍有少量非契作虱目魚銷到對岸，但主要在台菜餐廳及台資超市販賣。

我們當然不能怪罪對岸不愛虱目魚，因為台灣人才有吃虱目魚的傳統，並已形成「虱目魚文化」。但我認為，台灣的虱目魚應該繼續改善養殖品質、處理多刺問題、研發烹飪方法及加工產品，那不論內銷外銷，都還有很大的市場可以開發。

從海洋保育來說，中研院《臺灣魚類資料庫》的「海鮮指南」，教導民眾選擇食用符合生態保育、永續利用原則的海鮮，以幫助台灣海洋保育，確保「年年有魚」，而虱目魚是少數被「建議食用」的魚類之一。

近年來，已有海洋生物學家認為，人類可能在二十一世紀中葉，就面臨海洋漁源枯竭。因此，台灣擁有全球最大規模的虱目魚養殖業，將在未來漁源供應上扮演更重要的角色。

虱目魚

## 海味知識小學堂

| 中文名（學名） | 俗名 | 分類 | |
|---|---|---|---|
| 莫三比克口孵非鯽 (*Oreochromis mossambicus*) | 在來吳郭魚、南洋鯽仔、非洲仔 | 鱸形目 (Perciformes) | 麗魚科 (Cichlidae) |
| 加利略帚齒非鯽 (*Sarotherodon galilaeus*) | 聖彼得魚 | 鱸形目 (Perciformes) | 麗魚科 (Cichlidae) |
| 虱目魚 (*Chanos chanos*) | 麻薩末（西拉雅語）、麻虱目仔（台語）、塞目魚（台語）、殺目魚、國姓魚、安平魚、遮目魚、海草魚 | 鼠鱚目 (Gonorhynchiformes) | 虱目魚科 (Chanidae) |

第9章

# 海中巨獸

# 01 鯊魚如何變身梅花鹿？

鯊魚名稱的由來，台灣清代方志說：「以皮如沙得名，其種不一。」鯊魚容易辨認，但種類太多了。

鯊魚還有一個更早的名字叫「鮫」，東漢《說文解字》：「鮫，海魚，皮可飾刀。」台灣方志也說鯊魚「皮可飾刀鞘」。日文稱鯊魚為サメ（same），漢字也是用「鮫」。

鯊魚是遠古時代就有的魚，在分類上是軟骨魚綱，不同於大部分魚類是「硬骨魚」，但在目、科的分類上，專家看法不同，在此不談。

鯊魚在各種目、科的中文名上，「鯊」、「鮫」都用到了。目前全世界共有四百多種鯊魚，台灣有一百餘種。

硬骨魚類大都體外受精，軟骨魚類的鯊魚則都是體內受精，所以有「交尾」行為。鯊魚卵生、卵胎生、胎生都有，大多數是卵胎生。

台灣是海島，四周和離島海域都有鯊魚。先民對鯊魚的了解，首先就是胎生。清康熙郁永河《裨海記遊》（一七〇〇年）：「又鯊魚一尾，重可四五斤，猶活甚，余以付庖人，用佐午炊。庖人將剖魚，一小鯊從腹中躍出，剖之，乃更得六頭，以投水中，皆游去，始信鯊魚胎生。」

先民對鯊魚的利用，則在魚翅。台灣方志說：「凡鯊美在翅。」「凡鯊魚翼鬣，取以作饌，俱名魚翅。」現今重視生態保育，尤其反對捕鯊割鰭棄身，所以台灣很多人已建立不吃魚翅的觀念。

在中國古文獻中可見「魚化為飛禽走獸」的傳說，例如：石首魚化為鳧（野鴨），黃魚化為鶉、鸚鵡，泡魚（河魨）大者化為豪豬，魚而有斑化為鹿。

因此，在平原有鹿、海有鯊的台灣，漢人移民自然也有「鯊魚之斑者化為鹿」的傳說，很多先民也都相信可能是真的。

《臺灣通志》（一八九五年）：「臺地在鹿，或謂為鯊魚所化，恐誠然。」

清翟灝《臺陽筆記》（一七九三年）：「臺灣有鯊魚，出則風起。每當春夏之交，雲霧瀰漫，即跳海岸上作翻身狀，久之仍入水中。如是者三次，即居然成鹿矣。遍身濕淋，以舌舐其毛候乾，悵望林泉，有射鹿之番取之而去。此蓋天地之化生，而理有不可解者也。」

清丁紹儀《東瀛識略》（一八七三年）：「相傳臺鹿皆鯊魚所化，然沿海俱有鯊，即臺地山前亦有之，未見有化鹿事。獨後山鯊魚隨潮登岸，即化為鹿，毛色純黃，其孳生者始有梅花點。」此一說法還會變通，大概發現台灣西部沒人看過鯊魚化鹿，所以把故事搬到東部去了。

日本時代文人連橫《雅堂文集》有一篇〈釋華佑遺書〉記載，在鄭芝龍據台時，有一位普陀山僧釋華佑來台灣，寫了一本遊記，後來散佚，文中提到：「某日至蘇澳，見鹿入水化為鯊，角猶存。」此一傳說最特別，變成是鹿化為鯊魚。

梅花鹿身上是白色斑點，對比於有白色斑點的鯊魚，最大型的就是「鯨鯊」，因魚肉白嫩俗稱「豆腐鯊」，又因行動緩慢容易被捕而稱「大憨鯊」（憨，台語音 gōng，傻的意思）。

鯨鯊是海洋中最大的魚類，屬洄游性鯊魚，分布全球，最大體長可達二十公尺，壽命可超過一百年。根據新聞報導，台灣魚類學者已在研究台灣東南海域可能是鯨鯊誕生之地。

台灣已在二〇〇八年立法保護鯨鯊。農委會漁業署也自二〇一二年起規定漁船捕鯊必須「全魚入港」、「帶鰭上岸」，違者依法罰款甚至吊銷執照。

鯊魚肉腥味重，台灣北海岸很早就發明煙燻鯊魚肉的料理，稱之「鯊魚煙」，成為獨特的美食。

鯊魚肉另一種料理方法是打成魚漿，做成魚丸、甜不辣、吉古拉（日文ちくわ，chikuwa，竹輪）。基隆有鯊魚丸專賣店，著名基隆廟口天婦羅也使用鯊魚肉含量最多的魚漿炸成。

## 02 翻車魚跳曼波？

翻車魚長得圓胖，好像只有頭尾而沒有軀幹，游泳很慢，只吃水母卻能長到三公尺，因奇特的外表和習性而有很多有趣的俗名。

根據中研院《臺灣魚類資料庫》，台灣有三種翻車魨科的翻車魚，包括翻車魨、矛尾翻車魨，以及較小的斑點長翻車魨。

翻車魚以常翻躺在海面上得名，但台灣清代方志卻不見這種魚名。福建（古稱閩中）文獻則很早就有「翻車魚」的記載：

- 《福州府志》引用唐林諝《閩中記》（八五〇年）：「鏡魚，眼圓如鏡，水上翻轉如車。」

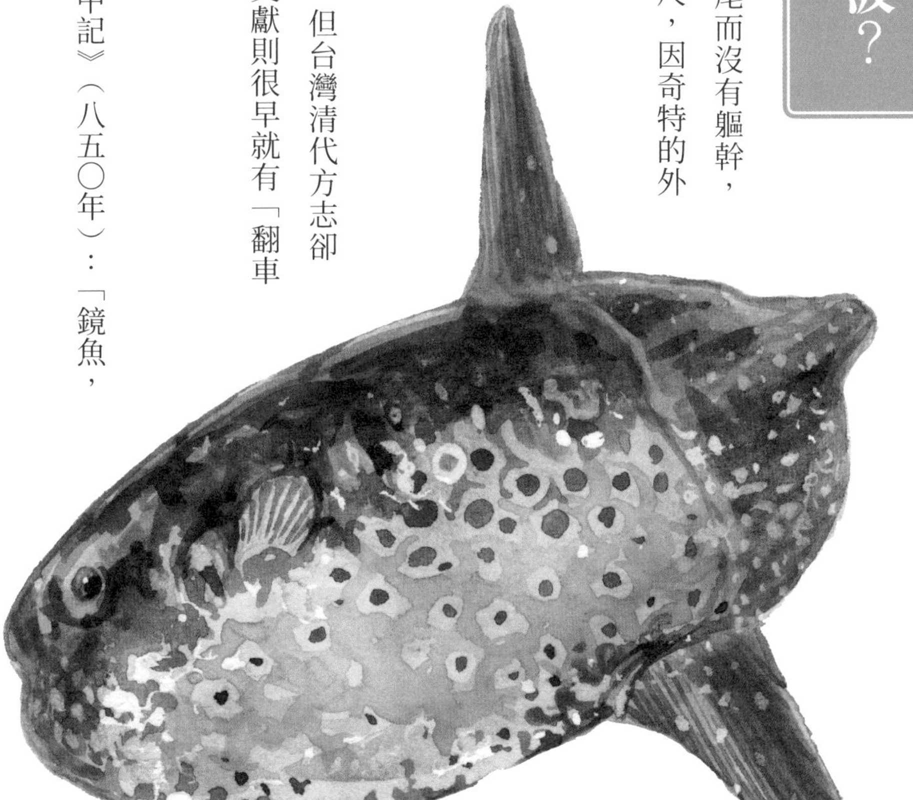

矛尾翻車魨

•明屠本畯《閩中海錯疏》（一五九六年）：「圓眼鏡魚，眼圓如鏡，水上翻轉如車，亦名翻車魚。」

這兩筆資料提到的「鏡魚」，由於描述不足，不知是不是指翻車魚？不過體型大的翻車魚，又大又圓的眼睛，很像古代的圓鏡。

台灣方志沒有鏡魚、翻車魚，而稱之「新婦啼」。清乾隆董天工《臺海見聞錄》（一七五三年）：「新婦啼，魚名，狀本鮮肥，熟則拳縮，意取新婦未諳，恐被姑責也。」根據《臺灣魚類資料庫》，「矛尾翻車魨」在澎湖俗稱新婦啼。

嘿！原來台灣除了有「拍某菜」（phah-bóo-tshài），煮了會縮小的茼蒿菜，還有「拍某魚」，煮了會縮小的翻車魚肉。現在的海鮮餐廳則很會做生意，稱翻車魚的白色嫩肉為「干貝肉」，翻車魚的香脆腸子為「龍腸」。

不過，根據《臺灣魚類資料庫》的「物種受脅評估表」，翻車魚已被列為「瀕危」之下的「易危」等級。

近年來，翻車魚又被稱「曼波魚」，源自日語魚名マンボウ（まんぼう，manbō），一般都說日本人看到翻車魚游泳好像在水中跳拉丁舞「曼波」（Mambo），才以舞名為魚命名。

這種說法是錯的。日文稱翻車魚まんぼう，可拆成：まん＋ぼう，就是：圓＋魚，大概日本人覺得翻車魚的特徵是圓形的魚。

日文稱曼波舞為マンボ（mambo），這是西班牙語、英語的Mambo的音譯。日文マンボウ則專指翻車魚，而日文也選用「翻車魚」作為マンボウ對應的漢字。

英語稱翻車魚為Sunfish，因為此魚彷彿經常躺在海面上做日光浴（Sunbathing）。翻車魚的拉丁學名Mola，則是石磨（Millstone）的意思，以此魚灰色、粗皮、圓身的長相得名。

我這篇文先在臉書公開，有一位台語文研究者賴盈築補充她收集有關翻車魚俗名的資料及田野調查如下：

翻車魨

- 《臺日大辭典》（一九三一年）收錄翻車魚俗稱「達婆」（ta̍t-pô）、「水母鯊」（chúi-bú-soa）。
- 基隆、宜蘭稱翻車魚為「蜇魚」（thē-hî）、「海蜇虎」（hái-thē-hó͘），因為台語稱水母為「海蜇」（hái-thē），而翻車魚愛吃海蜇。
- 南部及花蓮稱翻車魚為「干貝魚」（kan-pòe-hî），因為翻車魚肉吃起來有干貝的口感。
- 花蓮東昌定置漁場說討海人稱翻車魚為「魚koeh」，因為此魚好像斷了後半截。教育部《臺灣閩南語常用詞辭典》的用字是「橛」（kue̍h）。

## 03 海翁的形象：鯨的歷史與台灣海洋文化

「鯨」是海洋哺乳動物，在分類上屬哺乳綱鯨目，照理說不是魚類，但因生活在海中，又長得像魚而體型超大，故俗稱「鯨魚」。

中國春秋時代的《左傳》就有「鯨鯢」一詞，這是大魚的名字，用來比喻大國不義、吞食小國，後人注解這種大魚雄的叫「鯨」、雌的叫「鯢」，所以「鯨鯢」也被用來引喻殘暴不仁之人。

中國歷史在政治、戰爭方面的記載，也可見「掃除鯨鯢」、「梟其鯨鯢」、「鯨鯢授首」、「鯨鯢盡殪，巢穴咸傾」等用詞。

到了明代，「鯨鯢」則成了中國東南沿海海盜的代名詞，故有「鯨鯢遠遁」、「鯨鯢就戮」、「盍斬鯨鯢靖海波」的說法。

再到清代，反清復明的鄭成功也被比喻「鯨鯢」，稱之「東海長鯨」，台灣民間流傳鄭成功是鯨的化身，比喻一代海上梟雄，其實具有貶意。

在台灣，鯨的形象則有原漢觀點的不同。在台灣原住民族文化中，鯨是友善、被感恩的大魚。

根據日本時代台灣總督府對原住民的《蕃族慣習調查報告書》，阿美族神話傳說鯨載著遇難的先祖返回家鄉，並傳授造船技術。此外，戰後的原住民口傳神話調查，卑南族、撒奇萊雅族都有類似傳說，並在每年的「海祭」中表達對鯨的感恩。

在蘭嶼，捕飛魚是原住民達悟族傳統文化的核心。達悟族把鯨視為吉祥大魚，尤其把「大翅鯨」（座頭鯨）看成飛魚之母，帶領飛魚來到蘭嶼，如果看到大翅鯨就是捕飛魚的吉兆。這種「大魚帶小魚」的觀念，與漢文化「鯨吞小魚」的觀念，呈現鮮明對比。

清代台灣方志對鯨的描述，大都源自福建文獻。《閩中海錯疏》（一五九六年）：「海鰌，最巨，能吞舟。」「海鰌噴沫，飛灑成雨。其來也，形若山嶽。乍出乍沒，舟人相值，必鳴金鼓以怖之，布米以厭之，鰌悠然而逝，否則鮮不罹害。間有斃沙上者，土人梯而臠之，刳其脂為油，艌船甚佳。」

《福州方志》的用字則是「海鰍」，並說明：「遒健好動，故名鰍。」根據《漢典》，「遒」是雄健有力，「鰍」即皮上有黏液、圓滑的泥鰍。

以此來看，鯨在福建文獻也稱「海鰌」、「海鰍」，漁民很怕遇見，偶爾沙灘上會有鯨屍，當地人會取鯨油用來填補船縫。

鯨在台灣方志則稱「海鰍」、「海鰌」、「鯨魚」之外，還有俗名「海翁」。《澎湖紀略》（一七六九年）：「鯨魚，一名海鰍，俗呼為海翁。身長數十百丈，虎口蝦尾，皮生沙石，刀箭不能入。大者數萬斤，小者數千斤。有言其背生草木，樵者誤登其上，須臾轉徙，不知所之。此亦荒詞，無可考據也。」

《澎湖紀略》還記載，在清乾隆二十二年（一七五七年），有一鯨自斃於澎湖虎井嶼的海灣上，「土人爭割其肉，約有數千斤云。今澎署大門尚有支門魚骨一條，長數尺、大數把。其脊骨可以作碓臼，兩眼亦空無目珠。澎人云：此尚是鰌之小者也。」

日本時代連橫《臺灣通史》：「鯨，俗稱海翁。重萬斤，舟小不能捕。時有隨流而入斃於海澨（澨即岸邊）者，漁人僅取其油。」這樣的描述，大概就是早年台灣漢人一般對鯨的了解。

台灣漢人對鯨形象的大改變，始於對海洋文化的倡導。從日本時代到戰後，台灣人覺得台灣的形狀像番薯，並以番薯雖低賤卻有強韌的生命力，比喻台灣的歷史命運，具有悲情內涵。然而，如果把地圖向右轉九十度，橫看台灣，台灣像不像海中之鯨？

一九九六年台灣首屆總統大選，鯨成為民進黨的競選標誌，這是「海洋台灣」的觀念，以鯨比喻台灣，期許本是海島的台灣，應該走向海洋思維，開創包容、進取的海洋文化。

最後來談鯨的台語為什麼叫「海翁」（hái-ang）？「翁」是什麼意思？台語的「翁」（白讀音 ang）指女人的丈夫，或是姓，看不出與海中大魚有什麼關係。

目前教育部《臺灣閩南語常用詞辭典》與日本時代《臺日大辭典》（一九三一年）都收錄「海翁」，說明是鯨，但沒有解釋。《廈英大辭典》（一八七三年）也收錄 hái-ang 一詞，並解釋是 Whale。以上都符合台灣清代方志稱鯨為海翁的記載。

然而，蘇格蘭牧師甘為霖《廈門音新字典》（一九一三年）收錄 ang，只說明是「大尾魚的名，親像 hái-ang」，但沒有對應的漢字。根據甘字典的體例，閩南語白話字如果有對應的漢字，都會寫出來，但這個指稱鯨的 ang，卻沒有寫出漢字，就有可能不是漢語。

因此，如果 ang 不是漢語，就有可能是福建原住民百越族的語言，那麼海翁的「翁」就是音譯字了。

## 海味知識小學堂

| 中文名（學名） | 俗名 | 分類 | |
|---|---|---|---|
| 鯨鯊 (*Rhincodon typus*) | 鯨鮫、大憨鯊、豆腐鯊 | 鬚鯊目 (Orectolobiformes) | 鯨鯊科 (Rhincodontidae) |
| 翻車魨 (*Mola mola*) | 曼波、海蝨、蜇魚、蜇魴、翻車魚（注：易危物種） | 魨形目 (Tetraodontiformes) | 翻車魨科 (Molidae) |
| 矛尾翻車魨 (*Masturus lanceolatus*) | 曼波、海蝨、蜇魚、蜇魴、翻車魚 | | |
| 斑點長翻車魨 (*Ranzania laevis*) | 曼波、海蝨、蜇魚、蜇魴、翻車魚 | | |
| 大翅鯨 (*Megaptera novaeangliae*) | 座頭鯨、海翁（注：農委會依據野生動物保育法公告之瀕臨絕種野生動物） | 鯨目 (Cetacea) | 鬚鯨科 (Balaenopteridae) |

# 第10章 海洋田徑隊

# 01 飛魚為什麼叫飛魚？

飛魚為什麼叫飛魚？因為會飛？只答對一半！

飛魚的胸鰭雖延長到超出體長一半以上，但不如鳥類翅膀發達，無法鼓動空氣往上飛升，只能從水裡躍出海面，在空中滑翔。

飛魚的台語為什麼叫飛烏？因為長得像烏魚，還會飛翔？只答對一半！

連橫《臺灣通史》：「飛烏，狀如江鯔，有翅能飛。」《噶瑪蘭廳志》：「烏魚，鯔魚也，本草作烏魚，產於溪池者曰溪烏、池烏，產於海者曰海烏。」可見先民覺得飛魚很像長了翅膀的烏魚，故稱之「飛烏」（台語音 pue-oo）。

飛魚，除了長得很像烏魚，還跟烏魚一樣，每年準時來台灣報到。烏魚每年冬季隨北方的大陸沿岸流南下，經過台灣海峽。飛魚則每年春季隨南方的黑潮北上，主流進入台灣東部海域，支流進入台灣海峽。

根據中研院《臺灣魚類資料庫》，飛魚科在全世界有五亞科、八屬共五十二種；台灣紀錄四亞科、七屬共二十五種。台灣較常見的飛魚是「斑鰭飛魚」、「白鰭鬚唇飛魚」、「黑鰭鬚唇飛魚」。

福建文獻很早就有飛魚的記載。明屠本畯《閩中海錯疏》（一五九六年）：「飛魚，頭大尾小，有肉翅，一躍十餘丈。」《福州府志》說福州人也稱飛魚為「緋魚」，以其「色紅如緋」，是紅色的綢布。

台灣清代方志稱飛魚為「飛藉魚」、「飛烏」，並說先民利用飛魚的趨光性來捕捉。《澎湖紀略》（一七六九年）：「漁人俟夜深時，懸燈以待，乃結陣飛入舟中；舟滿，則滅燈以避焉。」

在中國古文獻可見「魚化為飛禽走獸」的傳說，例如：石首魚化為鳧（野鴨），黃魚化為鸚鵡，泡魚（河魨）大者化為豪豬，鯊魚之斑者化為鹿。在台灣清代文獻中，則有「飛禽化為飛魚」之說，例如清康熙台灣海防同知孫元衡《赤嵌集》（一七〇五年）：「飛藉魚，疑是沙燕所化，兩翼尚存。」沙燕指灰沙燕，俗名水燕子。

孫元衡的《赤嵌集》還收錄他為飛魚寫的一首詩：「入海微禽能變化，秋來巢燕已為魚；翻飛應悔留雙剪，誤學燈蛾赴火漁。」

日文稱飛魚トビウオ（tobiuo），拆解開來直譯是「飛び」+「魚」。「飛び」是跳躍的意思，符合飛魚被鬼頭刀等大魚追捕、受驚嚇時有躍出水面再滑翔的習性。日文漢字稱飛魚「飛び魚」，也稱之「鰩」，因為中國古文獻說：「文鰩魚出海南，一名飛魚」。此外，日文還借用漢字「鯱」來指稱飛魚。

飛魚是台灣東海岸黑潮（北赤道洋流）帶的主要魚類之一。蘭嶼達悟族原住民每年從二月下旬到十月舉行「飛魚祭」，並把飛魚曬成魚乾以保存食用，長期以來已形成與飛魚關係密切的「飛魚文化」。

飛魚每年五月至九月會在基隆外海產卵，因卵團有黏絲，可附著於漂浮物或底棲海草，所以漁民把草席鋪在飛魚經過的海面上，讓飛魚在草席產卵，再採集附著在草席上的飛魚卵。

台灣加工生產的飛魚卵，品質優良，稱之「黃金卵」，大量外銷日本作為壽司材料。在台灣，飛魚卵除了鹽漬，也做成飛魚卵香腸、飛魚卵泡菜等。

為了永續漁業，農委會漁業署已頒布飛魚卵漁業管理辦法，規定每年許可採捕期間為五月十五日至七月三十一日，總容許漁獲量三百五十公噸。當漁獲量已達三百三十公噸時，即公告採捕期自公告日起第七日，為漁季結束日。

# 02 鬼頭刀為什麼叫飛烏虎？

二〇一二年，導演李安的美國3D電影《少年PI的奇幻漂流》，片中有一幕鬼頭刀追逐著飛魚一起跳上船的場景，十分精采。

二〇一五年在BBC拍攝的一支飛魚生態影片中，有飛魚在海中被鬼頭刀追逐、躍出海面在空中滑翔，而空中還有白腹鰹鳥（台語俗稱海雞母）伺機獵捕的鏡頭，看起來非常驚險。

其實，這樣的場面也會在台灣東部、東北部海域發生。黑潮從東台灣海域北上，帶來了飛魚群，以及尾隨在後的鰹魚、鬼頭刀、黑鮪魚等掠食者。其中追飛魚追得最緊的就是鬼頭刀，因此漁民捕飛魚時也常會捕到鬼頭刀。

為什麼叫鬼頭刀？因為這種中大型魚的魚頭很大，從側面看，魚體很像鬼頭刀。何謂鬼頭刀？就是古代有鬼頭形刀柄的刀，是用來處斬罪犯用的。

台語稱飛魚「飛烏」，而凶猛的鬼頭刀最大者體長超過兩公尺，在海中追捕飛魚，有如獵殺飛魚之虎，故稱「飛烏虎」。

根據中研院《臺灣魚類資料庫》，鱰科在全世界只有一屬二種，即「鬼頭刀」、「棘鬼頭刀」，在台灣都有紀錄。

台灣中文名「鱰科」，中國大陸中文名則是「鯕鰍科」，所以稱鬼頭刀為「鯕鰍」。為什麼台灣中文以「鱰」為科名，「鱰」是什麼意思？《康熙字典》沒有「鱰」字，《漢典》則說「鱰」同「鱪」，為日本漢字。

鬼頭刀的日文シイラ（shīra），為シイラ科シイラ屬，シイラ的日文漢字是「鱪」或「鱰」，這兩個漢字是日本人創造的。日文為什麼用「魚」+「暑」這個字？有一種說法：這種生長於溫暖海域的魚，以夏天最美味，故稱之「鱪」。

鬼頭刀廣泛分布世界各地的熱帶及亞熱帶海域，全球最通用的名字是Mahi-mahi，源自夏威夷原住民語，Mahi 是非常強壯的意思。

台灣四周海域及離島都有鬼頭刀，但以東部海域較多。鬼頭刀顏色鮮艷，但被捕後魚體會逐漸灰暗，呈現失去生命力前、後的鮮明對比。

鬼頭刀生長快速，魚肉好吃但略有腥味。在宜蘭、花蓮常見以鬼頭刀做成的魚丸，很受歡迎。

# 03 旗魚為什麼叫丁挽？

立翅旗魚與劍旗魚

旗魚是游泳速度最快的魚類（最高時速約一百一十公里）。全世界的旗魚共有「旗魚科」十一種、「劍旗魚科」一種，總共十二種，而在台灣海域的旗魚就有六種。

一九九六年初，我採訪基隆八斗子耆老杜披雲，第一次聽到旗魚的台語俗名「丁挽」（teng-bán）：漁船在海上追捕、鏢刺旗魚稱之「鏢丁挽」（鏢音 pio，正字是標）。

杜披雲撰寫的三十多萬字小說《風雨海上人》，已在二〇〇〇年由當時的基隆市立文化中心出版。但旗魚為什麼叫「丁挽」？一直沒有答案。

台灣清代文獻就有記載旗魚。大清巡台御史黃叔璥的《臺海使槎錄》（一七二二年）說：「旗魚，色黑，大者六、七百斤，小者百餘斤；背翅如旗，鼻頭一刺，長二、三尺，極堅利；水面敺（同驅）魚如飛，船為所刺，即不能脫身；一轉動，船立沉。」

以先民當年的小船，在海上看到這種「觸舟立沉，蓋鯨鯢之類」的大魚，大概都會敬而遠之，所以沒有留下什麼捕食旗魚的紀錄。

直到日本時代，據說由沖繩（琉球）漁民引進「鏢刺漁法」，台灣漁民才開始捕旗魚。根據基隆社寮島文史工作室潘江衛的說法，日本時代有很多琉球人前來基隆和平島，並形成聚落，一九〇五年有一位琉球漁民內間長三在和平島定居，並教導捕魚技術。現今和平島海邊「琉球漁民慰靈碑」雕像的原型，就是內間長三。

台灣東部海域在冬季隨黑潮而來的「立翅旗魚」，身長可達四公尺半以上，因為可做高經濟價值的生魚片，所以又稱「白肉旗魚」。我記得約在三、四十年以前，台灣的生魚片一般就只有旗魚一種，日文稱之カジキ（かじき，kajiki）。

白肉旗魚的台語俗名還有「翹翅仔」（翅是錯字，正字是翼，音 sit）、「闊胸仔」，這很容易解釋，因為此魚的胸鰭張開翹起。根據中研院《臺灣魚類資料庫》描述：「胸鰭位低，呈鐮刀狀，僵硬與體軸保持直角，無法向後折服。」

那麼「丁挽」怎麼解釋呢？「挽」是動詞，拉的意思，而台語發 bán 音的卻只有「挽」字。從中文字難以解釋，我遂想到日本時代教台灣人鏢刺旗魚的琉球人，說不定「丁挽」是琉球語音譯。

我查了《臺灣魚類資料庫》所列台灣六種旗魚的日本語，再與沖繩語對比如下：

- 立翅旗魚：日本語シロカジキ，沖縄語シルアチ。
- 雨傘旗魚：日本語バショウカジキ，沖縄語バレン。
- 紅肉旗魚：日本語マカジキ，沖縄語チール。
- 黑皮旗魚：日本語クロカジキ，沖縄語ンジャーアチ、またはアヤガチュー。

•小吻四鰭旗魚：日本語フウライカジキ，沖繩語クルミーアチ。
•劍旗魚：日本語メカジキ，沖繩語ひらくちゃー。

結果，六種旗魚的沖繩魚名，都沒有與台語「丁挽」諧音。

我只好又回到台語「丁挽」。先在日本時代《臺日大辭典》（一九三一年）找到「旗魚」（kî-hî），也找到旗魚的另一個名稱「釘挽」（teng-bán）。啊！原來日本時代的用字不是「丁挽」，而是「釘挽」，「釘」或可比喻旗魚尖長的吻部，但動詞「挽」呢？

我想到，「釘挽」可以是「釘」（tèng）＋挽（bán），即鏢刺、拉繩兩個動作嗎？但「釘挽」的「釘」是名詞 teng，而不是動詞 tèng。

然後，我又在《臺日大辭典》查到「鐵釘挽」（thih-teng-bán），指拔鐵釘的器具，這裡的「挽」可當名詞用。

最後我發現，原來「鐵釘挽」的形狀很像旗魚尖長如劍的上頜及較短的下頜，所以可以確定：先民以旗魚嘴形像拔釘器具而稱之「釘挽」。

旗魚的速度和拉力非常驚人，美國作家海明威的名著《老人與海》，與老人搏鬥三天三夜的馬林魚（Marlin），就是旗魚啊！

我看海洋文學作家廖鴻基《討海人》（一九九六年六月）中的〈丁挽〉一文說：「丁挽尖嘴如釘，勁力如挽車。」挽車就是拉車，挽字常用在挽回、挽救、力挽狂瀾，唐詩人杜甫〈前出塞〉中有句「挽弓當挽強，用箭當用長」。

再來談一下旗魚中很特別的劍旗魚，牠以上頜和吻部延長呈一扁平突出劍狀而得名，台語俗名稱之「旗魚舅」、「丁挽舅」，那這裡的「舅」（kū）是什麼意思呢？

有人說劍旗魚是「帶劍」的旗魚，比一般旗魚厲害，故尊稱「舅」。台語俗語講：「天頂天公，地下母舅公」，每逢婚嫁喜事等，都會請舅舅坐大位。

其實，這裡的「舅」常用來指外表類似的植物和動物。例如九芎與九芎舅、鼠麴草與鼠麴舅、澎湖的龍占與龍占舅，塗魠也有塗魠舅。劍旗魚與其他旗魚雖屬不同科，但長得很像啊。

台東成功漁港是台灣捕旗魚的重鎮，每年舉行「東海岸旗魚季」活動。成功漁港旁有一座奉祀「萬善爺」的廟宇，二〇〇〇年由當地木雕師傅完成長三點六公尺、重兩百公斤的旗魚木雕，擺在廟前供民眾祭拜，成為全台僅有的「旗魚神」。

# 海味知識小學堂

| 中文名（學名） | 俗名 | 分類 | |
| --- | --- | --- | --- |
| 斑鰭飛魚 (*Cypselurus poecilopterus*) | 花烏、飛烏、小烏、花鰭燕鰩魚 | 鶴鱵目 (Beloniformes) | 飛魚科 (Exocoetidae) |
| 白鰭鬚唇飛魚 (*Cheilopogon unicolor*) | 白翅仔、飛烏、白鰭飛魚 | | |
| 黑鰭鬚唇飛魚 (*Cheilopogon cyanopterus*) | 飛烏、黑鰭飛魚、青翼鬚唇飛魚 | | |
| 鬼頭刀 (*Coryphaena hippurus*) | 飛烏虎、萬魚、鱰魚、鯕鰍 | 鱸形目 (Perciformes) | 鱰科 (Coryphaenidae) |
| 棘鬼頭刀 (*Coryphaena equiselis*) | 飛烏虎、萬魚、鱰魚、棘鯕鰍 | | |
| 立翅旗魚 (*Istiompax indica*) | 白肉旗魚、翹翅仔、印度槍魚、闊胸仔、白皮丁挽 | | 旗魚科 (Istiophoridae) |
| 雨傘旗魚 (*Istiophorus platypterus*) | 雨笠仔、破雨傘、平鰭旗魚 | | |
| 紅肉旗魚 (*Kajikia audax*) | 紅肉仔、紅肉槍魚 | | |
| 黑皮旗魚 (*Makaira nigricans*) | 黑皮仔、鐵皮、油旗魚、大西洋藍槍魚、丁挽 | | |
| 小吻四鰭旗魚 (*Tetrapturus angustirostris*) | 紅肉丁挽、紅肉屎仔 | | |
| 劍旗魚 (*Xiphias gladius*) | 劍魚、丁挽舅、旗魚舅、大目旗魚 | | 劍旗魚科 (Xiphiidae) |

## 第11章

# 好吃比一比

一年二紅沙三鯧四馬鮫五鰔

# 01 台灣好魚排行榜

台灣俚諺有各種好魚排行榜，最常見的「十大」版本為：「一午二紅沙，三鯧四馬鮫，五鮸六嘉鱲，七赤鯮八馬頭，九烏喉十春子」，現在已經網路一大抄，連官方機構、海產販業者都引用了。

但長期研究基隆文史的曾子良教授跟我說，他多年前在基隆大沙灣安瀾橋一帶做田野調查，曾訪問當地耆老，這句俚諺最後不是「九烏喉十春子」，而是「九春子十烏喉」。曾教授認為，以台語來說，「九春子十烏喉」才能與上一句「七赤鯮八馬頭」押韻。

我完全同意曾教授所說台語押韻的論點，因為俚諺的特色就是好講好記，押韻可說是原則。春子音 tshun-tsú／tsí，而烏喉音 oo-âu，才能與上一句馬頭音 bé-thâu 押韻。

春子、烏喉與鮸魚、黃魚同屬石首魚科，此科魚類的頭內有顆特大「耳石」。春子、烏喉相對是較小的石首魚科，都非常美味，可能有很多人認為烏喉更勝春子。我認為，二魚既已同入「十大」，再去比較排名第九或第十，其實意義不大，但配合整句俚諺的押韻非常重要。

春子、烏喉都是俗名，根據中研院《臺灣魚類資料庫》，烏喉是「黑鰔屬」，學名 *Atrobucca nibe*；春子則包括黃姑魚屬、叫姑魚屬、白姑魚屬的魚種。這種魚會發出咯咯叫聲，以「姑」聲而俗稱「叫姑魚」、「黃姑魚」、「白姑魚」、「黑姑魚」。

烏喉的美味，可以從南台灣一句台語俗語看出：「若有錢，烏喉都會盤山過嶺；若無錢，三界娘嘛無才調躘入戶樽（ling lip hōo-tîng）。」

這句話意思是說：如果有錢，烏喉自己都會從海裡翻山越嶺而來；如果沒錢，連厝邊溪中的三界娘仔都不會跳進門。「三界娘仔」泛指台灣早年生長在田間、溝渠、溪流內的小魚，而今在多數地方早已絕跡。

台灣的「烏喉」，並不是日本俗稱的「喉黑」（ノドグロ）。日本「喉黑」正名是アカムツ（*Doederleinia berycoides*），漢字「赤鯥」，此魚是紅色的，但喉是黑色的，故稱「喉黑」，在台灣則稱之「紅喉」。

「十大」俚諺中的「馬鮫」，可以泛稱鯖科馬加鰆屬的馬鮫、塗魠、白腹，一般認為馬鮫味道不如塗魠、白腹。

嘉鱲、赤鯮都是鯛科，馬頭魚則是弱棘魚科馬頭魚屬。但馬頭魚也是美味之魚，所以日本人稱嘉鱲為真鯛，赤鯮為黃鯛，馬頭魚為甘鯛。

紅沙一般指布氏鯧鰺，此魚在生鮮時外表粗皮呈粉紅色，以粉紅＋沙皮而被稱為紅沙。

當然，當年的美味排名是以台灣沿岸近海的野生魚來評比，現在加入進口、養殖的魚種，加之野生魚因捕撈過度而有變小的情形，此一排名已不準確，只能參考。

## 02 午魚之午從何而來？

這十大好魚排行榜中，午魚排名第一，但台灣人不了解此魚以「午」（台語文讀音ngóo）為名的由來，所以後來常見寫成「鰞魚」。午魚主要是指「四指馬鮁」，在香港稱為「馬友魚」，也被視為好魚。午魚本以端午節出而得名，「午」字是對的，原不必以「鰞」代替。

依一般中文造字規則，應該會以魚＋午＝鯃，但多數電腦中文輸入找不到「鯃」這個字，最後只好使用諧音的「鰞」（ㄨˊ）字。但「鰞」是中國古書上說的魚，只存魚名，無從可考。

午魚為什麼以午為名？我開始從歷史文獻探索。

清《康熙字典》引自中國最早地方海產動物志、明屠本畯之《閩中海錯疏》（一五九六年）：「鯃魚，鱸之別種，圓厚短蹙，味豐，漳、泉有之。」屠本畯是浙江寧波人，他在福建

午魚

當官期間，也研究當地海產。

閩中古指福建，以介於浙江（吳越）和廣東（南越）之間而得名。古代中國對鱸魚較熟悉，所以在方志中常以鱸魚作為對比的描述。所以這筆資料形容「魣」似「鱸」而較圓短。嘿！原來明代就有人用「魣」這個字了。

泉州《晉江縣志》則說：「午魚，似鱸，圓厚短促。」這裡就使用「午」字了。

台灣清代方志也說：「午魚，鱸之別種。」其中清道光《彰化縣志》（一八四〇年）還說：「午魚，鱸之別種，身圓而厚，味差於鱸，臺海出九月、十月間，俗作魣，非。」雖然指出「魣」是錯字，但仍未談「午」之由來。

因此，直到我找到以下兩筆更早而完整的資料，才解開「午魚」之謎。

清康熙《諸羅縣志》（一七一七年）：「午魚，鱸之別種。身圓厚，味差於鱸。內地端午間出，因以名之。台海出九、十月間。俗作魣，古無此字。」

清康熙《鳳山縣志》（一七二〇年）：「午魚，味甘美，大者為佳，以其出於午月，故名。本地出於冬，則與內地異矣。」

《諸羅縣志》主撰人陳夢林是福建漳州府漳浦縣人（位於福建東南沿海），他說在內地（主要指福建）午魚是農曆五月端午節期間大出，才以「午」命名，而「魣」是俗稱，以前也沒有這個字。

《鳳山縣志》主撰人陳文達則是臺灣府臺灣縣人（今台南市南部與高雄市北部之間的地區），他更以台灣在地人身分指出，「本地」午魚是冬季大出，與「內地」不同。

雖然台灣的午魚不在端午大出，但午魚之名確實來自端午。據此，午魚的「午」是正字，如果了解午魚本以「端午」命名，就不必寫成「魣」，近年來更不必再用筆劃更多的「鯃」了。

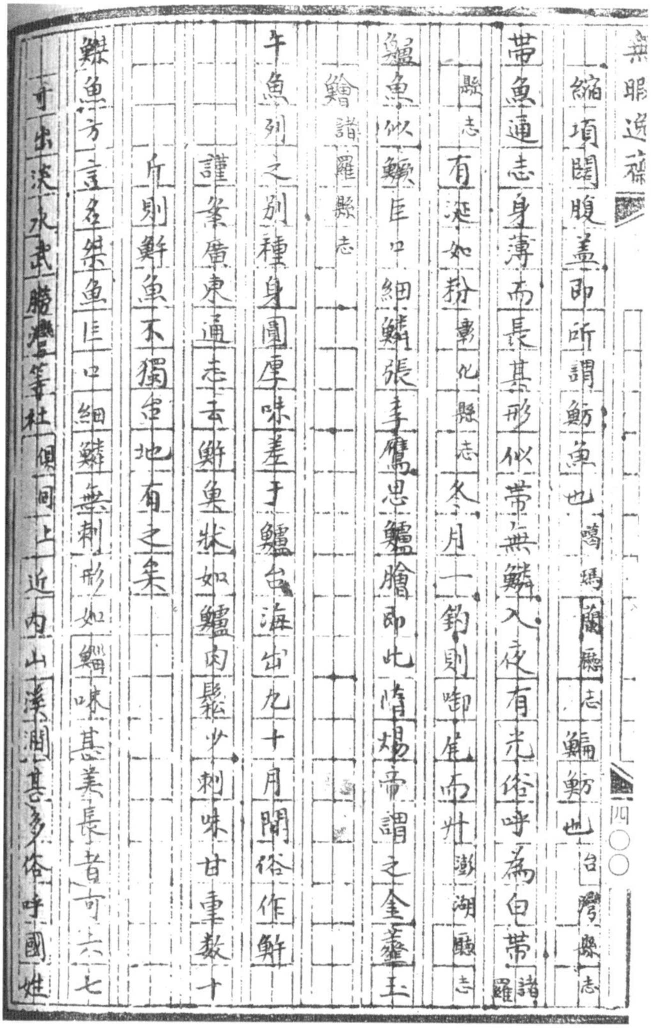
縮項闊腹蓋即所謂魴魚也 噶瑪蘭廳志 鯿魴也 台灣縣志
帶魚通志身薄而長其形似帶無鱗入夜有光俗呼為白帶 諸羅縣志 有涎如粉 彰化縣志 冬月一釣則啣尾而升 澎湖廳志
鱸魚似鱖巨口細鱗張季鷹思鱸膾即此隋煬帝謂之金虀玉鱠 諸羅縣志
午魚列之別種身圓厚味差于鱸台海出九十月間俗作魣
謹案廣東通志云魣魚狀如鱸肉鬆少刺味甘重數十斤則魣魚不獨台地有之矣
鯡魚方言名巢魚巨口細鱗無刺形如鯔味甚美長者可六七寸出淡水武勝灣等社傾洄上近內山溪澗甚多俗呼國姓
四〇〇

光緒《臺灣通志》引《廣東通志》另提到魣魚「狀如鱸，肉鬆、少刺、味甘。」

根據中研院《臺灣魚類資料庫》，在台灣稱「午魚」、「午仔」的主要是馬鮁科的「四指馬鮁」，主要特徵之一是胸鰭下部有四枚游離的絲狀軟條，所以有稱之「四指」，也有人稱之「四絲」（見第二一四頁圖）。其他還有五指（絲）、六指（絲）等馬鮁，也被稱為午魚。

何謂馬鮁？鮁（ㄅㄚˊ）是中國古代的魚名，中文常以馬喻大，馬鮁或許就是這樣命名。廣東人稱午魚為馬友魚，「馬友」看來似乎是把「鮁」字拆為「馬」和「犮」（ㄅㄚˊ），再把「犮」變成「友」了。

廣東人眼中的馬友魚是油脂多、肉質鮮美的高級海水魚。廣東菜著名的鹹魚雞粒炒飯，使用的鹹魚有馬友鹹魚、曹白鹹魚兩種，馬友鹹魚以細緻味美的口感著稱。

清台灣方志說午魚「大者為佳」，《臺灣魚類資料庫》說午魚最大體長可達兩公尺，但野生午魚愈來愈小、愈來愈少，報載近年有捕獲長一一〇公分、重二十六斤的野生午魚，就成了新聞。

台語稱大型「午仔」為「竹午」，以其魚身圓長如竹管而得名，也稱「大午」。

台灣已發展午魚養殖，但體型很小，一般只約半台斤重，台灣的日式料理餐廳常用來製作午魚一夜干，有人認為可比美日本的竹筴魚（アジ，aji）一夜干。

# 03 紅沙為何不紅？

台灣早年的十大好魚排行榜中，紅沙名列第二，但紅沙是什麼魚？很多人不大清楚。

紅沙的另一個名字「金鯧」，知道的人就比較多了。近年來，紅沙在台灣養殖相當成功，所以在菜市場和超市都常看到，過年期間也能以金鯧之名代替身價爆漲的白鯧。

紅沙除了在台灣清代文獻中稱紅沙、紅紗之外，現在還有紅衫、紅杉、紅鰺的名稱，都是以紅為名，但在市場看紅沙的顏色卻一點也不紅，令人納悶。

紅沙（布氏鯧鰺）

上述紅沙等都是俗名，在分類上屬之「鯧鰺」，顧名思義就是長得很像鯧魚的鰺魚。根據中研院《臺灣魚類資料庫》，鰺科鯧鰺亞科鯧鰺屬的「布氏鯧鰺」、「斐氏鯧鰺」，都以紅沙等為俗名。

以常見的布氏鯧鰺為例，其特徵是：體甚側扁、呈卵圓形（斐氏鯧鰺體呈長橢圓形），體被小圓鱗。第二背鰭的鰭條延長，並與臀鰭同形、相對而呈彎月形，狀似鐮刀。尾鰭深叉，末端尖細。

根據上述布氏鯧鰺的魚體特徵，加上台灣相關文獻對紅沙、紅紗的描述，再查看日文資料，以及台語發音，我做了綜合的比對和分析，推論紅沙、紅紗、紅衫、紅杉、紅鰺五種俗名中，何者較為正確。

清代文獻的記載主要如下：

- 《臺灣府志》（一六八五年）：「紅紗魚，皮紅，故名。」
- 《臺灣縣志》（一七二〇年）：「紅紗，鱗細、色紅，通身如淡珠。」
- 《小琉球漫誌》（一七六五年）：「紅紗，魚名。形似鱸，皮紅如塗朱，細鱗，與內地紅紗另為一種。」

• 《續修臺灣府志》（一七七四年）：「紅沙，皮紅如塗硃，鱗細。」
• 《噶瑪蘭廳志》（一八五二年）：「紅沙，皮紅如塗朱，鱗細。泉州呼為髻魚。」

日本時代《臺日大辭典》（一九三一年）收錄âng-soa一詞（拼音soa同sua），漢字「紅鯊」，日文解釋是「真魚鰹科」，這在中文稱為「鯧科」。

綜合上述資料來看鯧鯵，清代文獻說「鱗細」沒錯，說「形似鱸」似乎不像，但布氏鯧鯵最大體長超過一公尺。

清代文獻又說「泉州呼為髻魚」，「髻」是盤結頭髮於頭頂或者腦後的髮型，布氏鯧鯵有如彎月的背鰭，以及深叉尖細的尾鰭，確實可能被聯想成髮髻。

清代文獻所說「皮紅」、「皮紅如塗朱（硃）」，與現在紅紗、紅衫的說法相符，但鯧鯵看來並非紅色。網路上有一種被官方機構引用的說法：鯧鯵剛被捕獲時，體表會呈現紅色的反光，有如穿著紅紗、紅衫。

再來談台語發音，「沙」的白讀音sua（紅飛沙），或se（豆沙），文讀音sa（沙茶）。根據宜蘭台語文專家林文信的看法，以台語俚諺十大好魚排行榜來講，紅沙的「沙」應該念sa，才能與馬鮫的「鮫」（ka）、嘉鱲的「鱲」（la̍h）押韻。

以此來看，「紗」音se，「衫」音sann，就都不對了。至於「杉」音sam，音義都不對，明顯是錯字。

《臺日大辭典》的用字「紅鯊」，日文解釋是鯧科，也算接近，但「鯊」音sua，此魚也非鯊魚，我就不明白了。

紅鰺的說法也有問題。中文本來沒有以「鰺」為名的魚，《康熙字典》只說「鰺」是「鱢字之譌」（譌即訛），而「鱢」指魚腥味，也寫成「臊」。事實上，「鰺」是日本人創造「和製漢字」的魚名。

綜合上述討論，我認為紅沙的「沙」應該是指皮粗，因為此魚如《臺灣魚類庫料庫》描述「體被小圓鱗」，摸起來沙沙的。那麼紅沙之「紅」從何而來？

我特別注意上述《臺灣縣志》所說「通身如淡珠」，淡珠大概指顏色淺、粉紅色的海水珍珠。我在網路上找到日本海底攝影所拍的布氏鯧鰺（日文稱マルコバン），看起來就是粉紅色。

結論：布氏鯧鰺在生鮮時外表粗皮呈粉紅色，以其粉紅＋沙皮而被稱為紅沙。

最後，我在《廈英大辭典》（一八七三年）找到：「it ngó，jī âng-sa，sa$^{n}$ chhiu$^{n}$，sì bé-ka。ngó is the best of fish，the second，third and fourth best are — etc.」這是「一午二紅沙，三鯧四馬鮫」的說法，其中的紅沙的「沙」音是sa，這是最直接的證明了！

# 04 此鯧非彼娼

白鯧成為台灣過年最熱門的魚，價格漲到一般家庭買不起，所以有人以「過年吃白鯧的迷思」為題投書媒體，引清康熙年間畫家聶璜繪製、描述的《海錯圖》，指「鯧」的命名與「娼」有關，並說過年不一定要吃鯧魚。

這位作者應該出於善意，希望把國人對「鯧」與「昌」的連結轉移為「娼」，以壓抑過年搶購白鯧的風氣。

我也反對過年一定要吃因炒作、跟風而漲價的白鯧，但看到「指鯧為娼」的說法，雖然所說有據，卻覺不夠周延，所以我要為白鯧說幾句公道話，不要逼鯧為娼。

《海錯圖》說：「鯧魚身扁而頭銳狀……骨軟肉白，其味極美……俗比之為娼，以其與群魚遊也，或謂鯧魚與雜魚交……鯧魚遊泳，群魚隨之，食其涎沫，有類于娼，故名似矣。」其實，明李時珍《本草綱目》也談到鯧魚：「昌，美也，以味名。云：魚游于水，群魚隨之，食其涎沫，有類於娼，故名。」

我來評析如下：說「鯧魚與雜魚交」，但鯧魚並不性交，而是體外受精。說「群魚隨之」，這也不能說是娼，美女也會有眾男子追求啊！說「群魚食其涎沫」，我在網上找到一筆資料，指「涎沫」可能指鯧魚正在排卵。

不管如何，鯧魚也可說是以「昌」得名。「昌」有美好之意，可指鯧魚美麗又美味。

台灣清代方志也提到鯧魚的美味，並知道白鯧比黑鯧好吃。《諸羅縣志》（一七一七年）：「鯧，身扁而短，無鱗。以紫白色者為佳，海魚之貴品。又有黑色者，細鱗，名烏鯧，味少遜。」《噶瑪蘭廳志》（一八五二年）則引用宋元地方志《四明志》說：「鯧魚一名鏘魚，狀若鏘刀。」此一說法指鯧魚以形似「鏘刀」得名，正名是「鏘魚」。

事實上，從台灣過年習俗來看，過年吃白鯧並不是傳統習俗，而是這二、三十年來才出現的風潮。

先來談魚，說年夜飯吃「魚」象徵年年有「餘」，但「魚」與「餘」諧音是在華語，而不在台語。台語的餘叫「賰」（tshun），所以過年在神桌上擺米飯，上面插上以紙或布剪成的「春仔花」，稱之「春飯」，象徵「賰飯」，即米飯有餘之意。

再來談白鯧，此魚在台灣確是高貴魚種，台灣早年好魚排行榜無論是說：「一鮸二嘉鱲，三鯧四馬鮫」，或說「一午二紅沙，三鯧四馬鮫」，白鯧排名都是第三。

然而，台語「鯧」本來並沒有「昌」的聯想，因為台語「鯧」音 tshiunn，而「昌」音 tshiong，兩者發音不同。

台灣人本來愛吃白鯧，過年買一尾白鯧來圍爐也很自然，但好魚很多，不必非鯧不可。

# 05 有錢食鯿

宜蘭蘭陽博物館二樓的「海之層」，有一艘真實漁船的展品，走到船邊就會聽到重複播放的台語俚諺：「有錢食鯿，無錢免食！」

鯿魚（鯿台語音 bián）在台灣是有名的好魚，早期好魚排行榜有一個版本是：「一鯿二嘉鱲，三鯧四馬鮫」，鯿魚甚至排名第一。但台灣民間不用「石首魚」的名稱，所以很多人不知道鯿魚是石首魚的一種。

中國文獻很早就記載石首魚，晉張勃《吳錄》：「婁縣有石首魚，至秋化為寇鳧，鳧頭中猶有石也。」這部記錄三國時代吳國的史書說，江蘇古縣有石首魚，到了秋天化為野鴨，鴨頭中還有石頭。

何謂「頭中有石」？以現在海洋生物學來說，就是指硬骨魚類頭部內耳的「耳石」（Otolith），俗稱魚首石。

根據中研院《臺灣魚類資料庫》，耳石是魚類成長過程中所形成的碳酸鈣結晶，具有協調肌肉，感受速度、重力、聲音，以及分析頻率、偵測深度的功能；耳石一共三對，以矢狀石最大，扁平石和星狀石通常很小。

石首魚以擁有特別大的耳石得名，所以在分類上的中文名是「石首魚科」。根據《臺灣魚類資料庫》，台灣記錄的石首魚科有十二屬二十二種，包括銀身鰔屬、黑鰔屬、黃金鰭鰔屬、紅牙鰔屬、鮸屬、黃魚屬、叫姑魚屬、白姑魚屬、黃姑魚屬等。

台灣早年十大好魚排行榜內就有三種是石首魚。鮸是「鮸屬」，烏喉是「黑鰔屬」，春子則包括「叫姑魚屬」、「白姑魚屬」、「黃姑魚屬」的魚種，烏喉與春子是相對體型較小的石首魚。

明《閩中海錯疏》（一五九六年）：「石首，頭大尾小，無大小腦中俱有兩小石如玉，鰾可為膠。」這句話符合現代對石首魚科的定義，其中「鰾可為膠」則指出石首魚的另一個特徵。

鰾是魚類體內可以漲縮的氣囊，讓魚藉以調節在水中的沉浮，有的鰾還具有呼吸、發聲、輔助聽覺的功能。石首魚的鰾特別發達，呈圓筒形、錘形或錨形，因為富含膠質、蛋白質，所以大型石首魚的鰾曬乾後成為珍貴的食材和藥材，稱之魚膠或魚肚，名列中國「四大海味」：鮑、翅、肚、參。

日本人稱石首魚為ニベ（nibe），ニベ有黏的意思，因為石首魚的魚鰾具有黏性，在早年可做黏膠之用。

根據《臺灣魚類資料庫》，石首魚還有一個特徵，就是可以藉著肌肉牽動鰾發出不同的聲響，所以在西方稱石首魚為「鼓魚」（Drums）或「鳴魚」（Croakers）。

中國古文獻也記載石首魚在春天大出的盛況，三國時代的浙江方志《臨海水土異物志》即稱石首魚又名「春來」。明詩人、官員田汝成《西湖遊覽志》：「石首魚，每歲四月，來自海洋，綿亙數里，其聲如雷。海人以竹筒探水底，聞其聲乃下網，截流取之。」

以「姑」為名的小型石首魚，包括叫姑、白姑、黃姑、黑姑等，就是以發出「咕咕」叫聲而得名，一般認為與春季繁殖期間求偶有關。

石首魚的體型相差很大，日本銀身鰔體長可達一百八十公分，叫姑魚則只有二十餘公分。石首魚科的黃魚屬，大黃魚體長可達八十公分，小黃魚體長則小於四十公分。

在東南亞近海的「黃金鮸」，體長也超過一百八十公分。

鮸魚

在中國大陸沿岸，主要分布在長江入海口到珠江入海口之間的中國特有種「黃唇魚」，英文名Chinese bahaba，又稱「金錢鮸」，體長可達兩公尺，重達一百公斤，在紀錄上是世界最大的石首魚。

石首魚科因種類繁多，加上各地俗名不同，所以台灣和福建文獻的記載有點混亂，有的分類上同時列出石首魚、鮸魚、黃魚、姑魚，有的把黃魚歸到鮸魚。但一般來說，鮸魚指大型的石首魚，並有敏魚、鰵魚、鰳魚、米魚、鰞魚等寫法。

何謂鮸魚？東漢《說文解字》：「鮸，魚名，出薉邪頭國。」清《說文解字注》解釋說，鮸魚出自「薉邪頭國」，就是「穢貊」（中國東北地區南部及朝鮮半島中北部的古老部族），而南海也有鮸魚。事實上，鮸魚分布在中國沿岸從渤海、黃海、東海到南海的水域。

鮸魚在中國自古即被視為一等好魚，清《說文解字注》：「隋煬責貢四方，海錯幾盡，首曰鮸魚。」「海錯」的意思是眾多的海產，因為海產「錯雜非一種」。

台灣在日本時代的《臺日大辭典》（一九三一年），稱紅瓜（黃魚）、加納（嘉鱲）、鮸魚是三種高貴的魚。

日本時代台南文人連橫《臺灣通史》：「敏魚，俗稱鮸魚，春、冬盛出，重二十餘斤，台南以魚和青樣煮之，味極酸美。」以芒果青煮鮸魚，堪稱獨特的台灣味。

# 06 頭殼有洞的帕頭仔

石首魚科（Sciaenidae）白姑魚屬（*Pennahia*）的魚種，在台灣是常見、美味的中小型魚，台語稱之phànn-thâu-á，一般寫成「帕頭仔」，但不知命名由來。

「帕」台語音phè，指布巾，例如「尿帕仔」（尿布）、「奶帕仔」（胸罩）。魚名帕頭仔的「帕」音phànn，顯然是諧音借字，來自華語的「帕」（注音ㄆㄚˋ，漢語拼音pà）。

魚名phànn的正字，我很快想到台語的「冇」及「有」，「冇」（phànn）指鬆軟、結構不紮實，「有」（tīng）指硬的、堅實的。

台灣的土鳳梨、金鑽鳳梨等，都有「有仔」（tīng-á）、「冇仔」（phànn-á）之分，前者內部較實、水分多；後者內部較空（故手指彈有鼓聲）、水分少（故較甜）。

台語「有粟」（phànn-tshik）指穀粒不飽滿的稻穀，「冇石仔」（phànn-tsio̍h-á）指內部有氣泡狀孔穴的岩石，古早常用來搓洗鍋子。

以此來看，「帕頭」應該是「冇頭」，果然在我日本時代《臺日大辭典》找到「冇頭」、「冇頭仔魚」詞條，指石首魚。

那麼，如何解釋「冇頭」的魚？顧名思義就是魚的頭骨有空洞？

「石首魚」是中國很早就有的用詞，明《閩中海錯疏》（一五九六年）：「石首，頭大尾小，無大小腦中俱有兩小石如玉。」

何謂「頭中有石」？以現代海洋生物學來說，指硬骨魚類頭部內耳的「耳石」（Otolith），魚類在成長過程中所形成的碳酸鈣結晶，具有協調肌肉，感受速度、重力、聲音，以及分析頻率、偵測深度的功能。石首魚以擁有特別大的耳石得名，在分類上的中文名是「石首魚科」。

石首魚科種類繁多，各地俗名不同，在分類上一般是大型的鮸魚、中型的黃魚、小型的姑魚。以「姑」為名的小型石首魚，包括叫姑、白姑、黃姑、黑姑（黑鰔）等，以發出「咕咕」叫聲得名，與春季繁殖期間求偶有關。

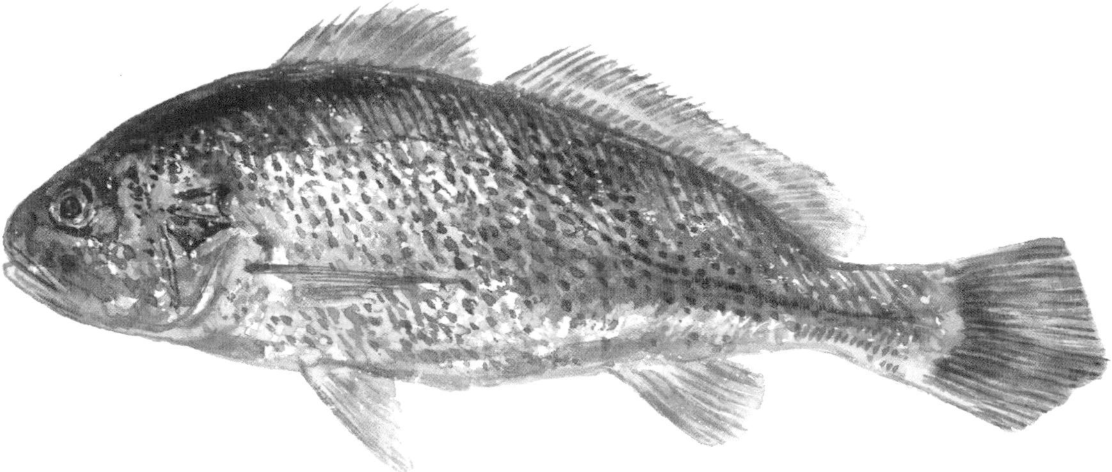

白姑魚

在日本，白姑魚（*Pennahia argentata*）稱之「白愚痴」（シログチ，shiroguchi），「愚痴」在中文是愚笨，在日文則是抱怨，大概日本人認為此魚發出「咕咕」叫聲是在發牢騷。日文另有「黑愚痴」、「黃愚痴」魚名。

在台灣一般稱「白姑魚」為「帕頭」，有一種「大頭白姑魚」在台南稱「正帕頭」，其他俗名還有「春子」（黃姑、叫姑、斑鰭白姑）、「加網」（叫姑、白姑、黑姑等）、「三牙」（紅牙鰔、黃金鰭鰔等）。

我與台南「滿源魚舖」主人劉祖源私訊，提出「帕頭」的正字「冇頭」，是否與石首魚頭骨相對鬆軟有關，其頭骨內是否有空洞？

劉祖源說也不愛吃肉質太細軟、易碎的石首魚，但印象中石首魚頭皮下方、眼睛上面的位置有格子狀的結構，比一般魚明顯，好像「戳戳樂」玩具用紙覆蓋空洞。

為此我專程前往魚攤，有幸買到白姑魚，頭家用台語說叫 phànn-thâu-á，又說叫 pe̍h-kháu，即「白口」，指其口腔白色、下半身銀白色，相對於「烏喉」（烏口、黑口、黑鰔）口腔黑色、全身偏黑色。

我買「冇頭仔」回家煎赤赤，吃時把魚的頭皮掀開，果然看到格狀空洞，證實此魚以頭殼有洞被命名。

# 海味知識小學堂

| 中文名（學名） | 俗名 | 分類 | |
|---|---|---|---|
| 四指馬鮁 (*Eleutheronema tetradactylum*) | 午魚、午仔、四指、四絲、竹午、大午、四絲馬鮁 | 鱸形目 (Perciformes) | 馬鮁科 (Polynemidae) |
| 布氏鯧鰺 (*Trachinotus blochii*) | 黃臘鰺、紅沙瓜仔、紅杉、金鯧、金槍、獅鼻鯧鰺、紅沙 | | 鰺科 (Carangidae) |
| 斐氏鯧鰺 (*Trachinotus baillonii*) | 南風穴仔、斐氏黃臘鰺、幽面仔、油面仔、紅鰺、卵鰺、紅沙 | | |
| 黑鰔 (*Atrobucca nibe*) | 黑口、烏喉、黑喉、加正、烏加網、黑喉、臭魚 | | 石首魚科 (Sciaenidae) |
| 日本銀身鰔 (*Argyrosomus japonicus*) | 黃姑魚、巨鮸、日本白姑魚 | | |
| 白姑魚 (*Pennahia argentata*) | 帕頭仔、冇頭、白口、白愚痴 | | |

| 中文名（學名） | 俗名 | 分類 | |
|---|---|---|---|
| 叫姑魚 (*Johnius grypotus*) | 加網、臭肚仔 | | |
| 大黃魚 (*Larimichthys crocea*) | 黃花魚、黃瓜、黃魚 | | |
| 小黃魚 (*Larimichthys polyactis*) | 厚鱗仔、小黃瓜、黃魚 | 鱸形目 (Perciformes) | 石首魚科 (Sciaenidae) |
| 黃金鮸 (*Nibea taipingensis*) | 黃金鮸 | | |
| 黃唇魚 (*Bahaba taipingensis*) | 白花魚、黃鰲魚、大澳魚、金錢鰲、金錢鮸、黃甘 | | |

第12章

# 誰是危險分子

一魟二虎三沙毛四臭肚五變身苦

# 01 台灣毒魚排行榜

台灣俚諺有「好魚排行榜」，相對也有「毒魚排行榜」，一般常聽到的是：「一魟、二虎、三沙毛、四臭肚、五變身苦。」

所謂「毒魚」，並不是說吃了會中毒，例如有些河魨含有致命的神經性「河魨毒素」，或是鯖科魚類不新鮮時會產生引起頭暈等症狀的「組織胺」。事實上，台灣常見的「刺河魨」，魚肉和內臟都是無毒的。

這裡的「毒」指的是「刺毒」，就是魚的胸鰭、背鰭或尾部的硬棘有毒腺，刺到會紅腫劇痛。不過，有些名列「毒魚排行榜」的魚並沒有刺毒，但硬棘鋒利，人一不小心就會被割傷、刺傷。簡介一下這五種魚：

- 魟：魟魚。魟魚尾部上方有毒棘，被刺傷會劇痛，若不緊急送醫，可能危及生命。
- 虎：虎魚。鮋科魚鰭硬棘有毒腺，魚類體色多變化，並會隨周遭環境擬態，常偽裝成石頭，以便近距離捕食獵物，故俗稱「石頭魚」、「石狗公」。其中「鬼鮋屬」、「虎鮋屬」、「毒鮋屬」又稱「虎魚」，「玫瑰毒鮋」則毒性最強，被刺有如燒灼、鞭抽疼痛，以至於喪失知覺。

- 沙毛：鰻鯰。鰻鯰科的「線紋鰻鯰」，是生活於珊瑚礁區的鯰魚，胸鰭、背鰭有銳利的毒棘，被視為危險的海洋生物。
- 臭肚：象魚（象耳）。臭肚魚科魚類，魚鰭的硬棘尖銳而有毒腺，刺到會劇痛，所以台語俗語說：「象耳無名，鑿（tshàk）著叫阿娘。」
- 變身苦：又稱遍身苦，即金錢魚。金錢魚的背鰭硬棘尖銳而具毒性。

另一個「五毒」排行榜：「一魟、二虎、三沙毛、四臭肚、五金鼓」，其中的「金鼓」就是指「變身苦」。

還有一個「六大」毒魚說法：「一魟、二虎、三沙毛、四臭肚、五倒吊、六斑午。」倒吊指粗皮鯛。刺尾鯛科魚類的尾柄上有非常鋒利的硬棘，雖然沒有毒性，但有如外科醫生的手術刀，人很容易被其劃傷，故此魚英文俗稱Surgeonfishes。「倒吊」之名由來，有兩種說法：一、被魚網捕獲打撈上船時，尾刺常勾掛在網上，魚頭朝下。二、受驚嚇時，以魚頭朝下、尾鰭向上迎敵。

斑午指花身雞魚。鯻科的「花身鯻」、「條紋鯻」，鰓蓋外緣有尖刺，雖然沒有毒性，但要小心被牠刺傷。

上述「毒魚」，主要威脅漁民、魚販、釣客、潛水人，但一般饕客在食用上不必擔心。

## 02 魟魚等於魴魚？

中文辭典的「魟魚」（魟音ㄏㄨㄥ），指體扁平略呈圓形或菱形，尾細長呈鞭狀，尾刺有毒的海魚。但台語辭典稱魟魚為「魴魚」（hang-hî／-hû），而中文辭典的「魴魚」（魴音ㄈㄤˊ）則是淡水魚。

另外，有一種俗稱「海魴」的高級海魚，台灣中文名「日本的鯛」（Zeus faber），中國大陸中文名「遠東海魴」，英文名John Dory，也有以中文音譯「多利魚」。由於台灣沒有淡水的魴魚，所以有人也稱這種海魴為「魴魚」。

根據中研院《臺灣魚類資料庫》，台灣的魟魚有二十二種，主要是「魟科」，有六屬十六種，其他的是「六鰓魟科」、「深水尾魟科」、「扁魟科」。

分布於台灣四周及澎湖沿海的「赤魟」，魚體呈菱形，尾細長如鞭，長度比身體長二至三倍，最大體長可達兩公尺，因尾刺有毒腺而被視為危險的中型海魚。

在台灣傳統的毒魚排行榜中，不論三大、四大、五大、六大等排名，都是從「一魟、二虎、三沙毛」開始，可見魟魚都是排名第一。

以此來看，台灣人對魟魚並不陌生，為什麼台語會把魟魚寫成魴魚？

根據清《康熙字典》，「魟」可指淡水的水產，「江蟲，形似蟹，可食」；但也可指海魚，例如：唐段成式《酉陽雜俎》：「黃魟魚，色黃無鱗頭尖，身似槲葉……尾長一尺，末三刺甚毒。」（槲葉呈倒卵形）；南宋戴侗《六書故》：「魟，海魚，無鱗，狀如蝙蝠，大者如車輪。」

《閩中海錯疏》（一五九六年）也稱魟魚：「黑魟，形如團扇，口在腹下，無鱗，軟骨，紫黑色，尾長於身，能螫人……以其首似燕，名燕魟魚，以其尾似牛尾，故又名牛尾魚。」

福建泉州《晉江縣志》：「魟，形似圓扇，口在腹中，無鱗，軟骨，紫黑色，尾長於身，有刺能螫人。亦有黃者尤佳，名黃魟。黑而頭似燕者，名燕魟。」

由此可見，福建文獻都用「魟」，但台灣清代方志則「魴」、「魟」並用。

《重修臺灣府志》（一七四七年）：「魴有錦魴，身圓有花點，大者三、四百斤。皮生沙石，尾長數尺，骨弱肉粗。黃魴，身圓，黃色。泥魴，皮黑。掃帚魴，尾如帚。烏燕魴，頭、身、翅俱似燕，肉黑。四開魴，頭似燕，肉赤。鬼角燕魴，頭有軟角。水沉魴，淡紅色，身扁、頭尖。」

但有的方志指「魴」同「魟」，例如《彰化縣志》：「魴魚一名魟魚。」有的方志則說「魴」錯「魟」才對，例如《噶瑪蘭廳志》：「魟今俗或誤作為魴，非。」

但從台語辭典來看，蘇格蘭長老教會牧師甘為霖《廈門音新字典》（一九一三年）指「魟」（kong）是像毛蟹的蟲，「魴魚」（hang-hî）則是魟魚。

台灣在日本時代的《臺日大辭典》（一九三一年），收錄「魟魚」（kong-hî），指牛尾魚（魟魚俗稱），也收錄「魴魚」（hang-hî），日文解釋是「赤鱏」（アカエイ，akaei），即今天所稱的「赤魟」，另外還收錄相關的「魴刺」（魴魚尾的刺）、「魴毒」（魴魚尾的毒）。

目前教育部《臺灣閩南語常用詞辭典》則無「魟」字而收錄「魴魚」（hang-hî／-hû），並以華語解釋為魟魚。

以此來看，由於台語「魟」（kong）與「魴」（hang）發音不同，而台語稱魟魚為hang-hî／-hû，所以寫成「魴魚」。

我在臉書公開討論為何台語辭典用「魴魚」而不用「魟魚」？台語文專家林文信認為，根據《康熙字典》，宋《集韻》：「魟，呼公切，似鼈」，「魟」讀hang（白讀音hang，文讀音hong）的釋音說義都很清楚，所以使用「魟魚」並無不妥。

林文信說，「魴」屬陽韻，陽韻通唐韻，文讀韻ong，白讀韻ng，讀ang韻是俗韻，不能歸類正白讀韻。

## 03 象魚與大象的耳朵

象魚又稱臭肚魚，我想象魚一定怨嘆，被吃還被說肚子臭。其實，象魚也是被誤解的名字。象魚分布台灣海岸及離島，全年皆有，因以海藻為食，魚肚內有海藻發酵異味，所以稱之臭肚魚，但吃素還被說臭肚，想必心有不甘。

但更慘的是，在中研院《臺灣魚類資料庫》，象魚還以「臭肚魚科」命名，主要有「褐臭肚魚」、「長鰭臭肚魚」兩種。

台灣各地都有象魚，但與象魚最接近的大概是基隆人了。我在一九八〇年前的回憶，基隆海岸及港內曾經密布象魚，碼頭岸邊到處有人在釣象魚，但警察會來驅趕。雖然象魚一般只約五至八公分長，但一次至少可釣到一、二十條回家煮湯。

基隆作家東年則回憶說，一九七〇年代在基隆港碼頭釣象魚，隨便釣都有一、二百條。

我曾看過有人使用一種魚勾叫「掣勾」（tshuah-kau），不是在魚勾上裝餌，而是在餌的下方有三至五個魚勾，因為象魚成群爭食，所以只要瞬間拉起，魚勾就會勾到魚身，一次可勾到好幾尾。

不過，象魚魚鰭的硬棘尖銳而有毒腺，一不小心就會被刺到，隨後會紅腫疼痛，幸好毒性不是很強。

早年基隆有一種鹽漬的生鮮小魚，裝在瓶子裡賣，叫做「加冬仔膎」（膎音 kê）。我後來才知道，這是八斗子漁民以象魚的魚苗製成。

哈！沒人懷疑過嗎？這種小魚怎會以「象」為名？就算有時在菜市場看到有手掌大的象魚，也是差很大啊！真正名副其實的「象魚」（巨骨舌魚，*Arapaima gigas*）在南美洲亞馬遜河，身長超過兩公尺半，重達一至兩百公斤。

我在二十多年前就想過象魚名字的問題，當時在報上看到澎湖有人稱之「象耳」，曾想台語的象魚與象耳諧音，會不會叫象耳才對？我看過

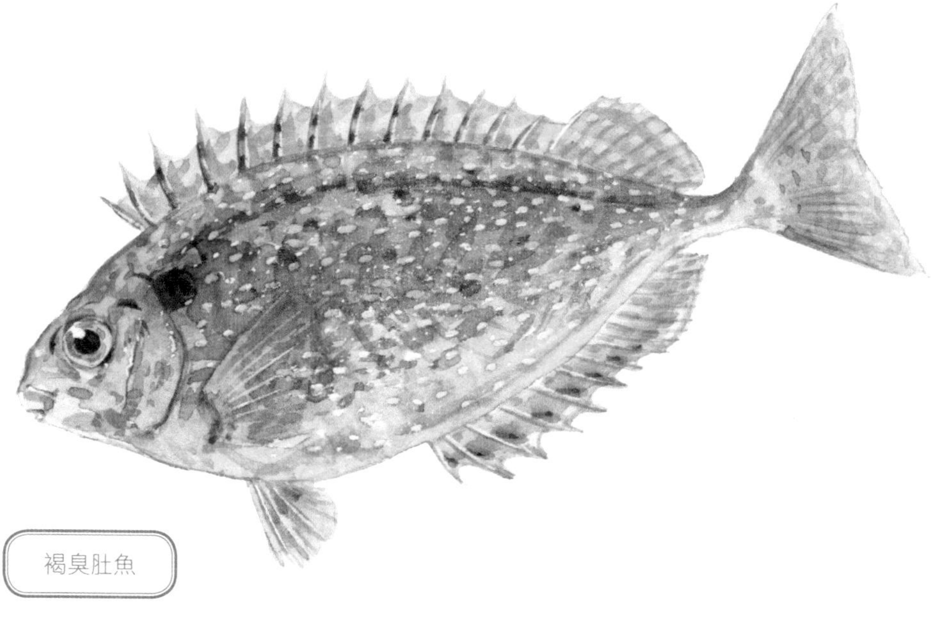

褐臭肚魚

象魚在水中游動，確實有點像耳朵飄動，但還是無法聯想到大象的耳朵。

我最近查日本時代的《臺日大辭典》（一九三一年），有「象耳」而無「象魚」；再查清代台灣方志，只有《澎湖紀略》（一七六九年）和《澎湖廳志》（一八九二年）記載：「象耳，身扁，色黑，刺最利，重約五、六斤。」

我再比對中研院《臺灣魚類資料庫》的褐臭肚魚：「體呈長卵圓形，極側扁」，「體側上方為褐綠色」，「背鰭、腹鰭及臀鰭之硬棘具有毒腺，被刺後會引起劇痛」，「最大體長四十公分」。

嘿！如果此魚在早年可以大到四十公分，那麼說有如象耳也就不為過了！

那麼象耳為何會變成象魚？這要從台語的漳泉音來解釋。「耳」漳音 hīnn、泉音 hī，「魚」漳音 hî、泉音 hû，澎湖泉音的「耳」（hī），與基隆漳音的「魚」（hî）非常接近啊！

因此，這是因漳泉音的差異而引起的誤解。然而，台灣早已不復見兩百多年前那大如象耳的象魚，才是我們要檢討的啊！

象魚在北台灣的另一個名字「加冬」（ka-tang），我則還找不到語源上的答案。

加冬常被寫成「茄冬」、「茄苳」，這是台灣鄉間常見的常綠大喬木，也有很多如「茄苳腳」、「茄苳坑」、「茄苳林」等地名。茄苳（*Bischofia javanica*）樹皮赤褐色，樹幹呈鱗狀剝落，看起來光滑。

但我無法想像如何以茄苳為魚名？魚名 ka-tang 也可能另有其字。我查了北台灣原住民馬賽族的字彙，在音義上都沒有對應的字。

日本語稱「臭肚魚」科為アイゴ（aigo）、琉球語則稱スクガラス（sukugarasu），發音也不相同。

象魚的廣東話叫「泥鯭」，在香港是常見的食用魚。

基隆廟口全年都有賣象魚煮薑絲湯。

最後我再談一下我最新的詢問和田調，本文提到基隆早年常見以象魚（臭肚魚）魚苗鹽漬的「加冬仔膎」，其實在台灣北海岸、東北角包括三芝、金山、萬里、基隆、瑞芳、貢寮等地都有，連鹿港、澎湖也有。

貢寮龍洞的老漁夫跟我說，象魚幼苗毒刺未長成、肚內也不臭，才能整尾做「加冬仔膎」。

在日本沖繩，也有以スク（即小象魚）鹽漬而成的スクガラス（suku-garasu），一尾鋪在一塊小豆腐上，成為沖繩風味美食。

我特別去看茄苳的樹葉，如果往小象魚聯想，象魚的魚身扁，呈橢圓形，魚體顏色為褐綠色，性喜群體游動，看來有點像一欉茄苳葉。

這是我探詢「加冬仔」多年來所推測的答案，但說服力還不夠，僅供參考。

# 04 金錢魚為何又叫變身苦？

金錢魚又稱「變身苦」、「遍身苦」，還有人寫成「變仙苦」，令人好奇，為什麼有錢還叫苦？根據中研院《臺灣魚類資料庫》，金錢魚科的金錢魚，俗稱變身苦、遍身苦，而台灣還有其他六種魚也俗稱變身苦，包括臭肚魚科的星斑臭肚魚、斑臭肚魚，以及蓋刺魚科的四種魚。台灣清代方志就有金錢魚、遍身苦魚的記載，但因沒有描述或描述太少，或將之看成兩種魚；《澎湖廳志》甚至同時列出象耳（臭肚魚）、遍身苦、金錢仔三種魚，顯得有點混亂。不過，方志中的「細鱗」、「花點」、「黑點」、「形扁而圓」等描述，確是金錢魚的特徵。

金錢魚和臭肚魚的背鰭棘尖銳而具毒性，刺到會紅腫、劇痛。台灣傳統毒魚排行榜中排名第五的變身苦（遍身苦），指的就是金錢魚。

為什麼叫「金錢魚」？我在台灣清代方志找到說法。《澎湖紀略》（一七六九年）：「金錢魚，身圓，眼有金睛，故名，體薄多刺。」

為什麼叫「遍身苦」？現在有人推測，在殺金錢魚時若不慎弄破膽囊，因其膽汁其苦無比，會讓魚肉變苦，但魚肉本身其實十分美味。

《臺灣府志》（一六八五年）：「遍身苦，形扁而圓，皮有黑點，小者味苦。」以此來看，可能魚肉本身也有點苦味。

釣魚達人、滿源魚舖店主劉祖源認為，金錢魚的肉有淡淡甘苦味，或許是喜食藻類所致，但每人感受不同，較敏感的人會覺得苦味較重。

這也難怪早就有先民為金錢魚打抱不平。《重修臺灣縣志》（一七五二年）：「遍身苦，身有花點，肉亦甘嫩，名實似不相宜。」

《臺日大辭典》收錄「遍身苦」（piàn-sin-khó͘）一詞，但不是魚名，而是指煩惱、勞苦，可見台語本來就有「遍身苦」的用法。

因此我推測，或許先民覺得金錢魚的魚肉有點苦味，就用「遍身苦」一詞來揶揄，變成嘲弄的雙關語，因而變成魚的俗名。

那麼「遍身苦」為何變成「變身苦」?這很容易解釋，因為台語「遍」白讀音 piàn、文讀音 phiàn；「變」白讀音 pìnn、文讀音 piàn。「遍」白讀音與「變」文讀音相同，所以很容易錯寫。至於「變仙苦」，則是「身」、「仙」都有 sián 的音，所以一錯再錯，「遍身」才變成「變仙」。

金錢魚棲息於海灣及河口區，幼魚出現在半鹹半淡水域，因黑斑相當明顯，而魚身會隨環境變色，所以常被養在水族箱當觀賞魚。

金錢魚愛吃藻類，所以也常見被當成除藻的「工作魚」，與虱目魚一樣被養在文蛤養殖池。近年來，金錢魚養殖成功，已見供應市場，在台灣南部較常見。

## 海味知識小學堂

| 中文名（學名） | 俗名 | 分類 | |
|---|---|---|---|
| 玫瑰毒鮋 (*Synanceia verrucosa*) | 腫瘤毒鮋、虎魚、拗豬頭、合笑、沙薑鱠仔、石頭魚 | 鮋形目 (Scorpaeniformes) | 鮋科 (Scorpaenidae) |
| 赤魟 (*Dasyatis akajei*) | 牛尾魴、紅魴、赤土魟 | 鱝目 (Myliobatiformes) | 魟科 (Dasyatidae) |
| 線紋鰻鯰 (*Plotosus lineatus*) | 鰻鯰、沙毛、海土虱、斜門 | 鯰形目 (Siluriformes) | 鰻鯰科 (Plotosidae) |
| 花身鯻 (*Terapon jarbua*) | 花身仔、斑吾、雞仔魚、三抓仔、花身鯻、邦五、斑午、兵舅仔、斑龜仔 | 鱸形目 (Perciformes) | 鯻科 (Teraponidae) |

| 中文名（學名） | 俗名 | 分類 | |
|---|---|---|---|
| 條紋鯻 (*Terapon theraps*) | 花身仔、斑吾、雞仔魚、三抓仔、兵舅仔、斑午 | 鱸形目 (Perciformes) | 鯻科 (Teraponidae) |
| 褐臭肚魚 (*Siganus fuscescens*) | 茄冬仔、疏網、羊鍋、樹魚、象魚、臭肚、褐籃子魚 | | 臭肚魚科 (Siganidae) |
| 長鰭臭肚魚 (*Siganus canaliculatus*) | 象魚、臭肚、長鰭籃子魚 | | |
| 星斑臭肚魚 (*Siganus guttatus*) | 貓尾仔、密點臭肚、金點臭肚仔、象魚、臭肚、點籃子魚、星斑籃子魚、變身苦 | | |
| 斑臭肚魚 (*Siganus punctatus*) | 象魚、臭肚、斑籃子魚、變身苦 | | |
| 金錢魚 (*Scatophagus argus*) | 黑星銀鯕、遍身苦、變身苦 | | 金錢魚科 (Scatophagidae) |

# 第13章 漏網之魚

# 01 烏魚與烏魚子

有位朋友大概是想到「墨」和「烏」都是黑的意思，就問我：墨魚也叫烏魚？我說，不是啦！墨魚是烏賊，烏魚是烏魚子的媽。

我這樣說，他就聽懂了！為什麼呢？因為在台灣，很常看到烏魚子，卻較少看到烏魚。

烏魚最有價值的部位是母魚的卵巢，可鹽漬、曬乾做成名貴的「烏魚子」（台語音 oo-hî-tsí）。公魚的精囊則稱為「烏魚鰾」（台語音 oo-hî-piō，鰾也寫作膘），一般是直接生煮，也是高貴的食材。

烏魚取出卵巢、精囊後，稱之「烏魚殼」，價值就低了，可煮成烏魚米粉、麻油烏魚等。以前的野生烏魚非常美味，成為很多人童年的美食回憶，但現在大多是養殖烏魚，魚腥味較重。

台灣先民很早就知道烏魚子的美味。台灣清代方志：「子成片，下鹽曬乾，味更佳。」「其子整片下鹽，以石壓之，曬乾，可焙為酒品。」

日本時代台南文人連橫《臺灣通史》說得最清楚：「烏魚之卵，結為一胎，略分為二，長及尺，重十餘兩。漬鹽曝乾，以石壓之至堅，可久藏。食時濡酒，文火烤之，皮起細胞，不可過焦，切為薄片，味極甘香，為臺南之珍饈。」

日本也有烏魚子，但產量少而較小。日本人一樣視烏魚子為珍貴的禮物和食物，日文稱之カラスミ（karasumi），這是「唐墨」二字的訓讀音：「唐」訓讀から（kara），「墨」訓讀すみ（sumi）。日本人覺得烏魚子的形狀很像從中國傳來日本的墨，所以稱之「唐墨」。

根據中研院《臺灣魚類資料庫》，「鯔科」的「鯔」俗稱烏魚、信魚，最大體長可達一公尺。「鯔」是什麼意思？「鯔」本指江河之魚，明李時珍《本草綱目》：「鯔，色緇黑，故名。」緇是黑色的意思，因此鯔魚的本意就是烏魚，以魚背烏黑而得名。

《噶瑪蘭廳志》（一八五二年）：「烏魚，鯔魚也，本草作烏魚．產於溪池者曰溪烏、池烏，產於海者曰海烏。臺地冬港俱有，冬至前到，味甘嫩；冬至後散子回頭，則瘦而味淡。」

這段話也解釋了何以烏魚又叫「信魚」，守信的魚。烏魚是洄游性魚類，每年冬季隨北方的大陸沿岸流（親潮）從台灣海峽南下避冬，並在南台灣海域產卵。根據台灣文獻記載，烏魚一般在冬至前十日至台南，稱「正頭烏」，魚肥而味美，魚卵和魚鰾飽滿；產卵後自恆春北返，稱「回頭烏」，魚變瘦、味道也差了。

所以有一句台語俚諺：「冬節烏，較肥豬脚箍。」冬至（陽曆十二月二十二日或二十三日）的台語叫「冬節」，冬至的烏魚比豬腳還要肥美。還有一句「鹹水烏，較贏雞肉箍」，意思是海裡的烏魚比雞肉還要好吃。

早在十七世紀荷蘭人統治台灣之前，就有閩、粵沿海漁民前來台灣本島和澎湖捕捉烏魚，最早只在冬天作季節性停留，後來又兼農作，才逐漸定居下來。所以有人說，台灣漢人移民最早是被烏魚吸引來的，烏魚就是「烏金」。

台灣的烏魚產業，從荷蘭時代就開始對漁民徵什一稅（十分之一），後來明鄭、大清時代也都跟進。清代方志記載：「官徵稅，給烏魚旗，始許採捕。」清唐贊袞《臺陽見聞錄》（一八九一年）：「旗以白布為之，書『烏魚旗』字，並船户姓名，鈐蓋縣印，插於船首，出海採捕，土人謂之『討烏』。」

自一九九〇年代以來，由於氣候暖化、海水溫度升高，烏魚南下台灣海峽時間變晚，加上中國東南沿岸漁民搶先在台灣海峽北方攔截，造成台灣野生烏魚捕獲量日漸減少，卻因此帶動了台灣烏魚養殖業的興起。現在台灣的烏魚子大都來自養殖烏魚，產量和品質都很穩定，頗受歡迎。

今天台灣市面上的烏魚子，有野生、進口、養殖之分，仍屬高價禮品，一樣是台灣料理的名菜。

# 02 烏尾冬的尾巴是黑還是紅？

我在基隆常看到一種叫「紅尾冬」（台語音 âng-bué-tang）的中小型魚，人講「紅尾冬，較好食赤鯮」，春夏五至七月當令的紅尾冬最為肥美，煎赤赤，真好吃。

後來才知道，原來紅尾冬在別的縣市有人叫「烏尾冬」。我在中研院《臺灣魚類資料庫》找到我常看到的紅尾冬，正式的中文名「雙帶鱗鰭烏尾鮗」，果然有紅尾冬、烏尾冬兩種俗稱。

我仔細看圖，此魚尾鰭是紅色的，但上下兩葉末端有明顯的黑斑。所以，有人看到紅色的尾鰭，稱之紅尾冬；有人看到黑色的尾叉尖端，稱之「烏尾冬」。

但從分類上來看，這種魚的特徵在尾叉尖端的黑斑，尾鰭則有不同顏色，所以稱烏尾冬較為合適。

根據《臺灣魚類資料庫》，台灣俗稱紅尾冬的魚有十七種，俗稱烏尾冬的魚有二十一種，並有同一種魚卻同時有紅尾冬、烏尾冬的俗名，甚至還有叫青尾冬。

還有，紅尾、烏尾後面的「冬」字是什麼意思呢？

在分類上「雙帶鱗鰭烏尾鮗」屬於「烏尾鮗科」。為什麼中文名要稱「烏尾鮗科」？使用「鮗」而不是烏尾冬的「冬」呢？

我猜想，或許是不了解烏尾冬的「冬」是什麼意思?才加了魚字旁變成了「鮗」。

其實，一年四季最後是冬，冬也有終的意思，所以台語「尾冬」是一個詞，可說是尾部末端。以此來看，顏色＋「尾冬」就成了魚名，這應該就是「烏尾冬」命名的由來。

根據日本時代《臺日大辭典》（一九三一年），「尾冬」是魚名，「尾冬骨」指豬臀部（豚の尻）的骨，「尾冬肉」指豬臀部的肉。

但在教育部《臺灣閩南語常用詞辭典》，雖然收錄「紅尾冬」，卻使用「尾胴骨」而不是「尾冬

烏尾冬

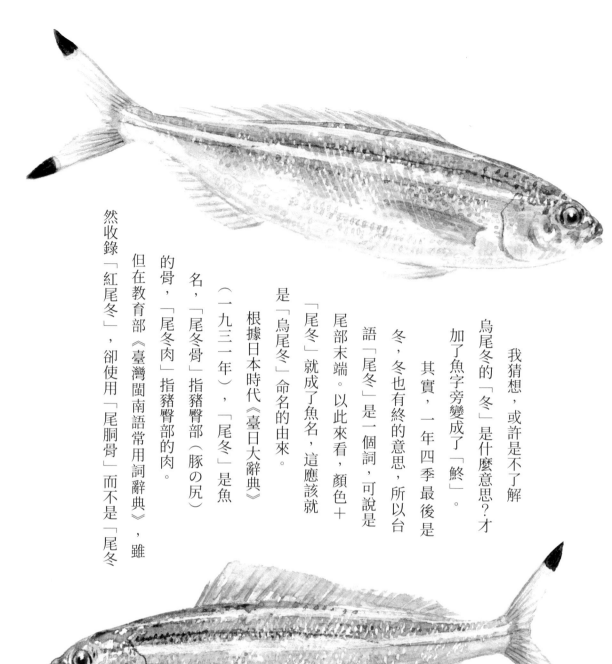

骨」，但注明「胴」是代替字。

「胴」音tâng，「冬」音tang，兩個字發音不同。根據《漢典》，胴指大腸，或是軀幹，就是身體除去頭部、四肢和內臟餘下的胴體，「尾胴骨」不知所云。

根據《康熙字典》引用《前漢律歷志》：「冬，終也。」可見「冬」也有結束的意思。台語文專家林文信認為，冬乃四時之盡，有末之義，而「尾冬骨」正是龍骨尾段靠臀部之處，所以紅尾冬、烏尾冬的「冬」才是正字。

「雙帶鱗鰭烏尾鮗」的日文名「タカサゴ」（takasago），這是來自東京小田原漁村的命名，意思是住在岩礁帶的小魚。

「雙帶鱗鰭烏尾鮗」還是日本沖繩縣的「縣魚」（沖縄県の魚），所以還有另一個著名的沖繩語名字「グルクン」（gurukun）。

# 03 石斑為什麼叫過魚？

台灣各地都有小吃攤店賣「鱠魚湯」，招牌的「鱠」字可以手寫，但一般電腦中文輸入沒有「鱠」字，只好以「過」代替，於是鱠魚就變成了「過魚」——做錯事的魚。

但鱠魚無過而有大功。台灣的鱸魚、鱠魚兩種海魚，因肉質軟嫩Q彈，魚皮富含膠質，一般認為在手術後食用有助傷口癒合，所以稱之「開刀魚」。早年常見有人在家煮了鱸魚湯、鱠魚湯，帶到醫院探視開刀的親友。

台語鱠魚、鱠仔魚（kuè-á-hî／kè-á-hî），也有人寫成「郭仔魚」，都指石斑魚。何以謂之「石斑」？大概是這種海水魚口部大、細鱗多，身上有斑點和花紋，喜歡在水底鑽挖石縫之故。石斑魚種類多、顏色多，體型的差異也很大，甚至有長一公尺以上、體重超過一百公斤的大石斑。

根據中研院《臺灣魚類資料庫》，台灣以「石斑」為名的魚共有八十六種，絕大多數是鮨科，少數是隆頭魚科、麗魚科、鯉科。

在台灣清代文獻，石斑魚稱「鱖」或「鱠」。東漢《說文解字》只說「鱖」是魚名，清《說文解字注》引用南朝《玉篇》和北宋《廣韻》的解釋是「大口細鱗有斑文」的「鱖魚」。明《本草綱目》則說是生於江溪間的「石桂魚」，即一般說的桂魚、花鯽。

根據《漢典》、《漢語大字典》，「鱖魚」的方言稱之「鱠」。總之，中文本來以「鱖」、「鱠」來稱呼「大口細鱗有斑文」的淡水魚，後來也用在海水魚。

台灣清代方志說：「鱠魚口闊身斑。」「鱠魚，一名鱖魚，身圓而長，皮有斑色，頭微有角，甘而潤，又有脊上帶珠者，謂之珠鱠。」「泥鱠魚，黑色，口闊，大者五、六十斤；珠鱠魚，黑色，身有紅白點；小鱠魚，黑色。」

《澎湖廳志》還說：「鱠魚，一名鱖。俗云：鰱魚頭、鱠魚喉，言柔滑也。」所謂魚喉，就是魚下巴，下巴是石斑魚最常活動的部位，所以特別滑嫩美味。

近年來，台灣成功養殖大型的龍膽石斑，「鹽烤龍膽石斑下巴」已成為一道燒烤名菜。「鱠」、「鱖」的魚名，如何變成⿰魚過魚、⿰魚過仔魚?道理很簡單，就是在民間還保留魚名的發音，但不知本字本義，所以就寫成諧音的替代字了。

在日本時代的《臺日大辭典》（一九三一年），還收錄「鱠仔魚」（kè-á-hî／kòe-á-hî）一詞，原冊的日文注解：⿰魚荒（あら）。《康熙字典》沒有「⿰魚荒」字，但日本人創造了和製漢字「⿰魚荒」來指日文的魚名アラ（ara，Niphon spinosus）。根據《臺灣魚類資料庫》，這種魚是鮨科的「東洋鱸」，俗稱「鱠仔」，與《臺日大辭典》所說吻合。

目前教育部的《臺灣閩南語常用詞辭典》，沒收錄「鱠」，但有「鱖」、「鱖魚」（kuè-hî／kè-hû），都指食用淡水魚。

在台語，「鱠」和「鱖」的發音，與「過」完全一樣。有一種植物「蕨」，台語稱之「蕨貓」（kè-niau／kuè-niau），就常寫成「過貓」。因此，把「過」字加上「魚」字邊，就變成了「⿰魚過」。結論：「⿰魚過魚」源自「鱠魚」、「鱖魚」，簡略寫成「過魚」。

最後再提一下，前面提到台灣民間認為病人食用鱸魚、石斑魚有助手術傷口癒合。事實上，鱸魚、石斑魚同屬鮨科魚類。《泉州府志》：「鱖魚、鱸魚二魚形頗相似，皆魚之佳者。」可見先人早已知道這兩種長得很像的好魚。

## 04 狗母魚和母狗有關？

台灣四周及離島海域有一種「狗母魚」（漳泉音 káu-bó-hî／káu-bó-hû），又叫「狗母梭」（káu-bó-so），因長相不好又多刺，被列為下等魚，但早年一般人家會買來炒成魚鬆，卻十分美味，成為現在很多人童年的美食記憶。

這種長得有點像蛇又大嘴利牙的魚，英語俗稱「蜥蜴魚」（Lizardfish），就是以形似蜥蜴得名。但中文為何以「狗母」為名？一直沒人解釋，連望文生義說長得像齜牙咧嘴的母狗這類說法都沒有，大概覺得太過勉強。

因此，我探索「狗母」魚名的好奇心就更強烈了。

根據中研院《臺灣魚類資料庫》，合齒魚科狗母魚屬的花斑狗母魚、大頭狗母魚、台灣狗母魚（台灣特有種），以及蛇鯔屬的長體蛇鯔、細蛇鯔等，都俗稱狗母魚、狗母梭。

狗母梭的「梭」是什麼意思？這不難解釋，有一種梭魚（梭子魚）就是以「頭如梭」命名。梭子指織布時往返牽引緯線（橫線）的工具，形狀像棗核。這也就是說，狗母梭的頭型很像梭子。其實，狗母梭的頭和烏魚的頭也長得很像。

台灣清代方志記載的「狗母魚」，大概都是：「長尺餘，有細刺，魚之粗劣者。」這樣的描述符合狗母魚的特性，但沒有「狗母」之名的線索。

《淡水廳志》（一八七一年）：「狗母即縠雨魚，長尺餘，有細刺，魚之劣者。」《台灣通志》（一八九五年）引《淡水廳志》：「狗㹫魚，即縠雨魚，長尺餘，有細刺，魚之劣者。」這兩處文獻多了「縠雨魚」的注解，但沒有說明。《台灣通志》寫成「狗㹫魚」，「㹫」是牛名，所以「狗㹫」是錯字。

咦？「縠雨」不是二十四節氣之一嗎？每年在陽曆四月十九日至二十一日之間。難道「縠雨魚」與「縠雨」節氣有關？

我馬上想到，「縠雨」的台語念文讀音 kok-ú，「狗母」的台語文讀音 kóo-bú，泉音 káu-bú，這兩個詞是諧音的！難道是把「縠雨魚」錯寫成「狗母魚」？

但我查了台灣相關的文獻和辭典，都沒有「縠雨魚」。台語有句「縠雨補老母」的俗諺，但無法聯想到狗母魚。

於是我往唯一記載「縠雨魚」的《淡水廳志》探索。《淡水廳志》在一八七一年由陳培桂（廣東高要人）纂輯，但他找楊浚代為草創。楊浚是福建泉州晉江人，晉江位於福建東南沿海，會不會只有晉江人才知道「縠雨魚」呢？

感謝中研院台史所翁佳音，他幫我在清乾隆《晉江縣志》、《泉州府志》找到「穀雨魚」：「形似子魚而赤，以穀雨時出。」哇！答案呼之欲出了！原來「穀雨魚」長得很像「子魚」，但顏色偏紅，在穀雨節氣大出。

那麼「子魚」是什麼魚？我也在《晉江縣志》找到答案：「子魚，俗名紫魚，與烏魚形同，但烏魚頭大，子魚頭小。子魚有旗，烏魚無之，子魚生洛陽江第一。」

洛陽江簡稱洛江，為泉州第二大河流。子魚像烏魚，有「旗」應該就是指此魚有較大的背鰭。

何謂「子魚」？根據明李時珍《本草綱目》：「鯔，色緇黑，故名。粵人訛為子魚」，子魚就是鯔魚，因「子」與「鯔」諧音而搞錯了。

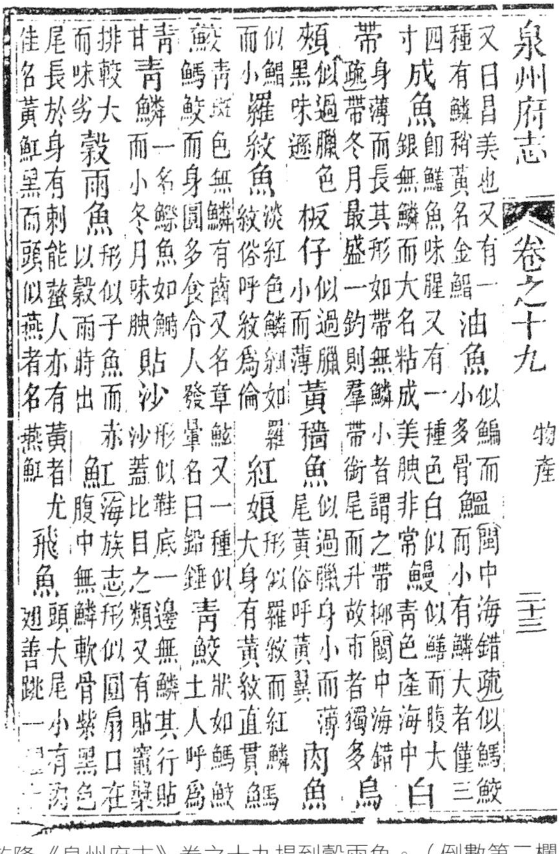
泉州府志 卷之十九 物產 三十三
又曰昌美也又有一種有鱗稍黃名金鯧 油魚 似鯿而小多骨而 鰛 閩中海錯疏似鰢鮫而小有鱗大者僅三
四寸 成魚 即鰱魚味腥又有一種色白似銀無鱗而大名粘成美胦非常 鰻 似鰱而腹大青色產海中 白
帶 身薄而長其形如帶無鱗小者謂之帶挪閩中海錯疏帶冬月最盛一釣則羣帶銜尾而升故市者獨多 烏
頰 似過臘色黑味遜 板仔 似過臘小而薄 黃鰭魚 似過臘身小而薄尾黃俗呼黃翼 肉魚
似鯧而小 羅紋魚 淡紅色鱗斜如羅紋俗呼紋為倫 紅娘 形似羅紋而紅鱗大身有黃紋直貫 鰢
鮫 青斑色無鱗有齒又名章鮫又一種似鰢鮫而身圓多食令人發暈名曰鉛錘 青鮫 狀如鰢鮫土人呼為鮫
青甘 青鱗 一名鰶魚如鯽而小冬月味胦 貼沙 形似鞋底一邊無鱗其行貼沙蓋比目之類又有貼竄槃
排較大而味劣 穀雨魚 形似子魚而赤以穀雨時出 魟 海族志形似圓扇口在腹中無鱗軟骨紫黑色
尾長於身有刺能螫人亦有黃者尤佳名黃魟黑而頭似燕者名燕魟 飛魚 頭大尾小有[illegible]翅善跳一[illegible]

乾隆《泉州府志》卷之十九提到穀雨魚。（倒數第二欄）

我把這段文比對《臺灣魚類資料庫》的「花斑狗母魚」資料：「長得像烏魚，魚體偏紅色，背鰭很大，有十三支軟條」，符合《晉江縣志》對「穀雨魚」的描述。

答案揭曉，原來「狗母魚」就是「穀雨魚」！

查到這裡，我還是要問：為什麼要以「穀雨」來為這種魚命名？

「穀雨」顧名思義指雨水增多，有利穀物生長，這是春季最後一個節氣，表示春寒就要結束，接下來就是「立夏」。此時，台灣海峽水域開始回暖，東北季風逐漸轉為南風。

或許台灣海峽的狗母魚在「穀雨」時大量出現吧！根據《臺灣魚類資料庫》，花斑狗母魚等幾種狗母魚在春末、夏季最為美味。

今天，台灣的狗母魚比較少了，幸好不在「瀕危名單」中，我們還可以買到狗母魚鬆，但當然變得比較貴了。

從飲食文化來看，狗母魚鬆是台灣先民物盡其用的美德，加之以烹調美味的智慧，值得我們珍惜。

## 05 那個魚原來是癩哥魚

屏東東港有一種魚叫「那個魚／那哥魚」，以奇特名稱成為著名海產，但那個魚是哪個魚呢？

台灣人比較熟悉的「狗母魚」，跟「那個魚」長得很像，因為同是「合齒魚科」（Synodontidae，中國稱狗母魚科），但不同屬。

根據中研院《臺灣魚類資料庫》，合齒魚科「狗母魚屬」（*Synodus*）的花斑狗母魚、大頭狗母魚、台灣狗母魚，以及「蛇鯔屬」（*Saurida*）的長體蛇鯔、細蛇鯔、多齒蛇鯔等，都俗稱「狗母魚」、「狗母梭」（其頭如梭）。

合齒魚科「鐮齒魚屬」（*Harpadon*）的「小鰭鐮齒魚」（*Harpadon microchir*）、「印度鐮齒魚」（*Harpadon nehereus*），都俗稱「那個魚」、「那哥」。

「狗母魚」其貌不揚，肉細但多刺，在台灣早年是廉價的下等魚，常見打魚漿做魚丸，一般人家也用來炒魚鬆，但因十分美味，成為很多人的童年美食記憶。

台灣的「那個魚」，也曾是下等魚，常見當飼料用，後來因漁獲少了才成為食用魚。此魚肉質水嫩、骨刺鬆軟，裹粉油炸非常好吃，民間稱之「水狗母」，以別於「狗母魚」。

不過，台灣所稱的「那個魚」，在中國稱為「龍頭魚」，以其魚肉水嫩有如豆腐又稱「豆腐魚」。

中國廣東潮州所稱的「那個魚」或「那哥魚」，主要指「多齒蛇鯔」，在台灣稱為「狗母魚」。

在潮州以「那哥魚」做的魚丸非常有名，潮州人向外地人介紹此魚開玩笑說：「這個魚就是那個魚」，取「那哥魚」與「那個魚」諧音的趣味。

其實，潮州話「那哥」是簡化的寫法，也常見寫成「瀨

小鰭鐮齒魚

印度鐮齒魚

哥」，其正字是「癩哥」，這是什麼意思呢？

根據網路上潮州人的說法，一九四六年至一九四九年重修的《潮州志》，在其中「實業志」的「漁業」提到「癩哥」魚名的由來：「有糙鱗狀如癩瘡，俗呼麻瘋為癩哥，此魚即以為名，其音又轉訛為那哥。」

這種說法，解釋了潮州俗話「粗皮那哥」的由來。

潮州汕頭澄海地區的口音，「癩哥」用在病名的發音是「太哥」，用在魚名的發音是「來哥」，又轉為「那哥」。

潮州語與漳泉語同屬閩南語系，漳泉語也稱麻瘋病為「癩哥」（thái-ko）或「癩病」（nāi-pēnn），指長癬、有白色鱗狀的皮膚病。

為什麼台灣人所稱的那哥魚，會與潮州人所稱的那哥魚不同呢？因為這兩種魚同科不同屬，外形相像，在福建似有混稱的情形。

根據網路上泉州人的說法，泉州人所說「那哥魚」，跟台灣人一樣，並不是指潮州人所說多刺的「那哥魚」，而是水嫩的「龍頭魚」（豆腐魚）。

## 06 新品種祕雕魚？

近年來，台灣流行跟隨日文魚名使用「鯛」：嘉臘叫真鯛、赤鯮叫黃鯛、烏格叫黑鯛、馬頭魚叫甘鯛，連吳郭魚都改名台灣鯛。因此，我在網路上看到有人寫「祕鯛魚」，也就不覺得意外了。

但此「雕」非彼「鯛」！應該是「祕雕魚」，指因核電廠汙染問題造成的畸形魚。

一九七〇年，台視播出黃俊雄布袋戲「雲州大儒俠」（台語發音），角色中有一位精於雕刻的駝背怪客，拄著枴杖走路，不時發出詭異笑聲；雖其貌不揚，但面惡心善，被稱為「祕雕」（台語音 pì-tiau）。隨著這齣布袋戲大受歡迎，「祕雕」就廣被用來比喻駝背畸形的人，有如東方的「鐘樓怪人」。

一九九三年，新北市萬里區第二核能發電廠的出水口海域，本是「花身雞魚」（俗稱花身仔，台語音 hue-sin-á）聚集地，但環保團體在此發現大量魚背隆起、體側彎曲、眼睛外凸的畸形魚，令人聯想到布袋戲中的「祕雕」，於是就稱之為「祕雕魚」。此事經媒體報導後，引起了社會關注。

花身仔為什麼會變成「祕雕魚」？當年民間環保團體質疑，核電廠排放的高毒性物質，已嚴重汙染周邊魚類的棲息環境。台電委託中研院台灣魚類專家邵廣昭進行調查、化驗，他最後提出報告：核電廠出水口海域，因水溫升高，影響魚體骨骼發育，才造成畸形魚，主要是高溫所致，而非輻射或重金屬汙染。

此一事件雖然暫告平息，但「祕雕魚」已成為台灣潛藏核災危機的警示。

根據中研院《臺灣魚類資料庫》，「鯻科」的「花身鯻」、「條紋鯻」，都俗稱「花身仔」、「雞仔魚」。

台灣清代方志很多記載「花身」魚名而未解釋，只有《臺灣府志》：「花身魚，體有斑文。」《噶瑪蘭廳志》：「花身，細鱗，體有斑文。」

花身雞魚與祕鯛魚

「鯻科」的「鯻」音ㄌㄚˋ，《康熙字典》有「鯻」字但沒有解釋，不知中文名為什麼要稱「鯻科」？「鯻科」最早寫成「雞魚科」，所以才有「花身雞魚」的稱呼。

為什麼叫「雞魚」？根據《臺灣魚類資料庫》的說法，「鯻科」魚類因魚鰾中部緊縊而分前、後兩室，前室和頭顱後端有肌肉相連，可發聲，故俗稱「雞魚」，英文俗名 Grunters。Grunter 指咕噥的人，意指說話含糊不清。

花身鯻的日文名コトヒキ（kotohiki），日文漢字「琴弾」、「琴引」。為什麼以「琴」為魚名？因為這種魚在捕獲時會發出「グーグー」（gūgū）鳴叫，很像日本古琴こと（koto）的聲音。

台灣的「鯻科」（雞魚科）魚種，以花身鯻數量最多、分布最廣，在沿海、河口水域常見，肉質細嫩、滋味鮮美，目前已有少量養殖。

07

# 黃雞仔為什麼是魚名？

黃雞魚是台灣常見魚種，台語俗稱「黃雞仔」、「雞仔魚」，其魚鰭有黃色光澤，但跟雞有什麼關係？

根據中研院《臺灣魚類資料庫》，黃雞魚是「石鱸科」（Haemulidae）「磯鱸屬」（*Parapristipoma*）的「三線磯鱸」（*Parapristipoma trilineatum*），分布於西北太平洋從日本中部、韓國、中國到台灣的海域。

「石鱸科」的魚有背緣弧形隆起的特徵，其被捕時會叫，故英文俗稱grunt，意思是發出咕噥、含糊不清的聲音。如何發聲？以藏在咽喉以切斷或壓碎食物的「咽喉齒」磨擦發聲，再藉泳鰾加以放大。

「磯鱸屬」指此魚習於棲息在海岸或近海的岩礁、珊瑚礁周邊水域，日文有「磯魚」、「磯釣」用詞。

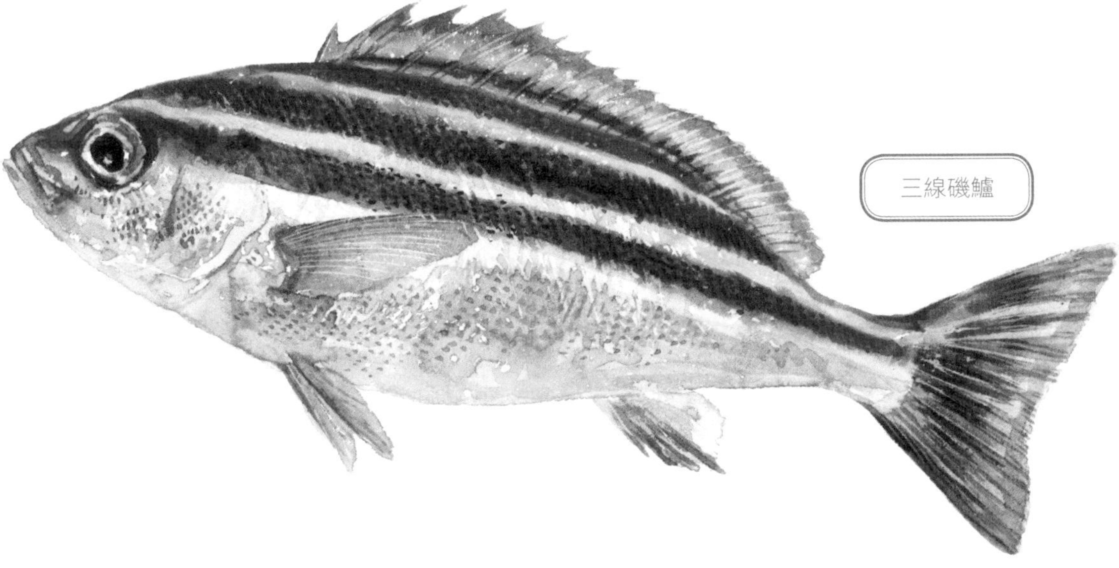
三線磯鱸

「三線磯鱸」魚名的「三線」，指其體側有三條暗色縱帶，但在幼魚時較明顯，成魚時會逐漸退色。

「三線磯鱸」的日文是イサキ（isaki），日文漢字有「伊佐幾」、「伊佐木」、「伊佐木魚」、「雞魚」。何謂「雞魚」?日本人的說法是其背鰭的棘條形似雞冠。「三線磯鱸」的英文俗稱chicken grunt，直譯就是「雞鱸」。

此魚背緣弧形隆起，加上背鰭很像雞冠，似乎符合台語「雞仔魚」的說法?根據《臺灣魚類資料庫》，台語俗稱「雞仔魚」的魚種，在「石鱸科」、「鯻科」（Terapontidae）、「笛鯛科」（Lutjanidae）等共有十多種魚，是否也與嘴形有關?

黃雞魚在台灣周邊海域的礁岩區、人工魚礁區皆可捕獲，相對是平價又美味的魚。

# 08 日本發現台灣錢鰻命名珍珠奶茶海鰻

二〇二二年十二月，台灣多家媒體報導，日本九州南方奄美大島發現新種黑褐色圓斑海鰻（Gymnothorax shaoi），以魚身花紋命名「珍珠奶茶」。有的媒體還說，這是「另類台灣之光」。其實，此一海鰻中文名是「邵氏裸胸鯙」，中研院《台灣魚類資料庫》登錄為台灣特有種，但現在日本也發現了。

邵氏裸胸鯙的台語俗名「錢鰻」，以魚身上黑褐色圓斑似錢幣而得名，也稱「虎鰻」。不過，有多種鯙科（Muraenidae）魚類都俗稱錢鰻、虎鰻。

我看日文命名：タピオカウツボ，タピオカ（Tapioka）是珍珠奶茶，ウツボ（Utsubo）是海鰻，因此全稱是「珍珠奶茶海鰻」。

日文タピオカ是英文外來語 Tapioka，即木薯粉（樹薯粉），因台灣珍珠奶茶的粉圓主要以木薯粉製作，故日文稱珍珠奶茶タピオカミルクティー（Tapioka mirukutī），簡稱タピオカ。

近年珍珠奶茶風靡日本，我在東京新宿看到春水堂茶湯會、貢茶、一芳、鹿角巷的店，排隊都在二十人以上，甚至上百人。

二〇一九年四月日本公布新天皇年號「令和」，之前徵詢新天皇年號，有媒體調查澀谷高

中女生意見，竟然有人建議用タピオカ，排名第十一。

珍珠奶茶早在一九九〇年代就進軍日本，但近年才大受日本年輕人喜愛。珍珠奶茶在日本大紅，可能與日本人對台灣好感度大增有關。

## 海味知識小學堂

| 中文名（學名） | 俗名 | 分類 | |
|---|---|---|---|
| 鯔 (*Mugil cephalus*) | 烏魚、信魚、大烏、回頭烏、正頭烏、正烏、奇目仔（成魚）、青頭仔（幼魚） | 鯔形目 (Mugiliformes) | 鯔科 (Mugilidae) |
| 雙帶鱗鰭烏尾鮗 (*Pterocaesio digramma*) | 烏尾冬仔、雙帶鱗鰭梅鯛、青尾鮗、烏尾冬、紅尾冬 | 鱸形目 (Perciformes) | 烏尾鮗科 (Caesionidae) |
| 花斑狗母魚 (*Synodus variegatus*) | 花狗母、狗母、狗母梭、雜斑狗母魚 | 仙女魚目 (Aulopiformes) | 合齒魚科 (Synodontidae) |
| 準大頭狗母魚 (*Trachinocephalus myops*) | 短吻花狗母、狗母、狗母梭、大頭花桿狗母 | | |
| 臺灣狗母魚 (*Synodus taiwanensis*) | 臺灣狗母、狗母梭、狗母 | | |

| 中文名（學名） | 俗名 | 分類 | |
|---|---|---|---|
| 長體蛇鯔 (*Saurida elongata*) | 長蛇鯔、狗母梭、長蜥魚、狗母、細鱗狗母 | 仙女魚目 (Aulopiformes) | 合齒魚科 (Synodontidae) |
| 細蛇鯔 (*Saurida gracilis*) | 狗母梭、小蜥魚、海狗母梭、狗母、番狗母、汕狗母 | | |
| 小鰭鐮齒魚 (*Harpadon microchir*) | 那個魚、狗母魚、狗母梭、那哥 | | |
| 印度鐮齒魚 (*Harpadon nehereus*) | 那個魚、狗母魚、狗母梭、那哥 | | |
| 三線磯鱸 (*Parapristipoma trilineatum*) | 黃雞仔、雞仔魚 | 笛鯛目 (Lutjaniformes) | 石鱸科 (Haemulidae) |
| 邵氏裸胸鯙 (*Gymnothorax shaoi*) | 錢鰻、虎鰻 | 鰻鱺目 (Anguilliformes) | 鯙科 (Muraenidae) |

# 第14章 海味之夜，魚話連篇

# 01 真的有國姓魚嗎?

南明國姓爺鄭成功攻打台灣、驅逐荷蘭人，而台灣的大清、日本文獻都記載了「國姓魚」傳說，其真實性如何?在此一探究竟。

說到國姓魚，一般人都想到虱目魚，只有少數人還會想到香魚。其實，台灣清代方志中的國姓魚，指的是香魚，寫成甲魚、傑魚、鰈魚。

香魚被稱國姓魚的傳說，我在網路上看到一種說法：鄭成功把福建九龍江的香魚，帶到台灣北部新店溪繁殖。但這種說法沒有根據，先不說台南鄭氏王國勢力不及北台灣，事實上福建和台灣本來就都有香魚。

根據中研院《臺灣魚類資料庫》所說，香魚分布西北太平洋，包括中國、日本、韓國、琉球及台灣；台灣原生香魚產於濁水溪及花蓮三棧溪以北的溪流，以淡水河流域最為有名。

虱目魚被稱國姓魚，不只台灣清代方志沒有記載，在日本時代通行的《臺日大辭典》（一九三一年）也說國姓魚指香魚，並沒有說是虱目魚。我查了一下，此說似乎來自日本時代台南文人連橫。

連橫在他的著作《臺灣通史》、《臺灣語典》、《雅言》、《雅堂文集》、《劍花室詩集》

中，都提到「麻薩末」（即麻虱目、虱目魚）又稱國姓魚。

《雅堂文集》：「國姓魚：麻薩末，番語也，產於鹿耳門畔。漁者掬其子以畜之塭，至秋則肥，長及尺。相傳延平入臺始有此魚，因名國姓魚。而臺北之鰷魚亦曰國姓魚。」

《雅言》：「麻薩末，番語也，一名國姓魚。相傳鄭延平入臺後，嗜此魚，因以為名。」

到底台灣民間本來就稱虱目魚為國姓魚，或者只是連橫一個人的說法？我在此不予置評，但早有台灣史學者說《臺灣通史》中錯誤很多，其中〈朱一貴討滿起義檄〉、〈與荷蘭守將書〉還被指為杜撰。

根據中研院台史所翁佳音的研究，十七世紀荷蘭人殖民南台灣，就記載有養魚的「塭仔」（Oenj）。荷蘭文獻沒提到魚塭裡是什麼魚，但清代文獻則記載魚塭中生產「虱目」或「麻虱目」。如果荷蘭時代台南就有虱目魚養殖，那麼連橫所說「相傳延平入臺始有此魚」就有問題。連橫又說，因鄭成功愛吃虱目魚，故有「國姓魚」之名。但《諸羅縣志》（一七一七年）則說：「鄭經酷嗜麻虱目，臺人名之曰皇帝魚。」到底是鄭成功愛吃虱目魚？還是鄭氏父子都愛吃虱目魚？今已無從可考。

麻虱目、虱目魚之名由來，還有與鄭成功有關的兩種說法：

一、鄭成功軍隊登陸台灣，兵士苦於無魚可食。鄭成功指著海說：「莫說無，此間下網可得也。」兵士聽了下網果然捕獲很多魚，還為魚命名「莫說無」，後來轉成諧音的「麻虱目」。

二、鄭成功驅逐荷蘭人後，台灣人獻上土產魚。鄭成功問：「這是什麼魚？」如此，「什麼魚」就成為魚名，後來轉成諧音的「虱目魚」。

這兩種說法，都是以帶有輕視方言的態度所編造出來的笑話，應該是戰後才有。就算鄭成功真的有跟兵士講：「莫說無」、「什麼魚」，他講的也不會是官話，而是泉州南安腔的閩南語。

其實台灣還有其他以「國姓」為名的動物。根據《臺日大辭典》（一九三一年），有一種「國姓蟯」（蟯音 giô），是文蛤的一種；還有一種「國姓蛇」，指的是「杜定」（tōo-tīng），即蜥蜴，又稱四腳蛇。

## 02 日文漢字中的魚名

談日文漢字的魚名，先舉個例子。

英文稱為Tuna的魚，日文稱之「マグロ」（maguro），並同時使用漢字「鮪」。但中國大陸稱Tuna為「金槍魚」，香港音譯Tuna稱之「吞拿魚」，只有台灣跟著日文漢字「鮪」而稱之「鮪魚」（鮪音ㄨㄟˇ）。

「鮪」是中國古代的魚名，最早出自《詩經．衛風》的〈碩人〉篇：「河水洋洋，北流活活，施罛濊濊，鱣鮪發發。」

注解如下：「洋洋」是水流的氣勢，「活活」是流水的聲音，「施罛」是撒網，「濊濊」是撒網的聲音，「鱣鮪」是類似鯉魚的兩種河魚，「發發」是魚落網的聲音。順便講一下：「罛」就是「魚罟」，即今魚網；「牽罟」（台語音khan-koo）是台灣民間傳統的捕魚方法。

以此來看，「鮪」在中國古代指淡水魚，後來已不確定是什麼魚，但日文卻借來指稱海裡的鮪魚。日文為什麼要使用「鮪」字？有一種說法：以「魚」旁加「有」的造字，「有」是「能大所有」，就是大的意思，因為鮪魚有洄游的特性，有的範圍很大，大型黑鮪洄游的範圍甚至超過候鳥遷徙的距離。

中國漢字有「魚」字旁的魚名，加上的那個字，可表意或表音，一般以表意來呈現此魚的特性。例如「鰻」字的「曼」有長的意思，「鯊」字的「沙」指皮如沙。

日本的魚名，除了使用日文假名，很多同時也使用有「魚」字旁的漢字。日本漢字研究者諸橋轍次一九五五年出版的《大漢和辭典》（だいかんわじてん），收錄「魚」字旁的漢字共六百八十三個，比清《康熙字典》多了五十個字。日文「魚」字旁的漢字，大都借自中文，但有些是日本人創造的「和製漢字」，不見於中國文獻。

相對於中國早年是大陸國家，日本一直是海洋國家，擁有豐富的魚文化，尤其是多樣的海水魚，所以日文才會借用中文淡水魚名作為海水魚名。日文向中文借用或自創的「魚」字旁漢字魚名，有以下幾種情形：

一、借用中國古魚名，至今中日文都用：鯉、鯽（鮒）、鰻、鯧、鰈、鱷（同鱷）、鯨等。

二、借用中國古魚名，但中文已很少用：鮫（鯊魚）、鱆（章魚）、「鰩」（飛魚）等。

三、借用中國古魚名，但日文後來改稱另種魚：鮎。「鮎」在中文本指一種頭大嘴寬、尾圓而短、皮有黏質的魚，日文也沿用，但日文後來改以「鮎」來稱呼香魚，以「占」來顯示香魚具有強烈占住領域、抗拒外魚的特性。然後，日文又創造了「鯰」來代替本來的「鮎」，這兩個字的日文音讀音同是nen。

四、借用中國古魚名，但日文用來指稱別種魚：鱧、鯖、鰹、鰆、鮪、鯛、鮭、鰺、鰤、鱸、鱒、䲜、鮑等。

「鱧」在中文指一種凶猛的淡水魚，日文用來指稱ハモ（hamo），即海鰻。

「䲜」在中文是不明淡水魚，日文用來指稱トビウオ（tobiuo），即飛魚。

「鯛」在中文是不知什麼魚的魚名，日文用來指稱ダイ（dai），即周身美觀的鯛魚。

「鮑」在中文本指鹹魚，日文用來指稱アワビ（awabi），即包起來的「卷貝」，就是今天所說的鮑魚。

五、日文自創漢字魚名：鰯、鱈、鯰、鱪（鱰）、鮟鱇等。

沙丁魚（Sardine）的台語叫「鰮仔魚」（un-á-hî／hû），「鰮」是福建使用的魚名。日文稱沙丁魚イワシ（iwashi），也使用漢字「鰮」，並再創造「鰯」字，以「弱」來凸顯沙丁魚離水即死、容易腐爛的脆弱。

台灣所稱的鬼頭刀（台語飛烏虎），在中國大陸叫鯕鰍，日文是シイラ（shira），並以此魚在夏季最美味，自創漢字「鱪」（同鱰）來命名。

日文漢字的魚名，由於日本魚文化對外輸出，有些又回銷中文，例如：鯖、鰹、鯛、鮭、鱈、鯰、鱸、鱒、鮑等。

「鮭」在中文本指河魨（豚），日文借用來稱呼サケ（sake），即英文Salmon，後來中文也跟著日文用「鮭」來指稱Salmon，但在中國大陸又稱「大馬哈魚」，香港則音譯Salmon稱之「三文魚」。

由於日本曾殖民台灣五十年（一八九五至一九四五），加上雙方經貿、旅遊往來密切，所以有些日文漢字的魚名雖然不被中國大陸使用，但在台灣通行，例如「鮪」（中國大陸稱金槍魚）、「鰆」（中國大陸稱馬鮫）、「鯖」（中國大陸稱青花魚）等。

## 03 「鮭」字的跨文化注解

「鮭」這個漢字，現在中國、日本、台灣都指鮭魚（英文 Salmon），但在中國本來是對河魨（常寫成河豚）的稱呼之一，在台灣則大都用來指鹽漬的魚蝦貝類。

河魨廣泛分布世界三大洋的溫帶、熱帶、亞熱帶海域，口小腹大，略呈紡錘形，無鱗或有刺鱗，種類很多，其中「四齒魨科」的內臟、皮膚、生殖腺有神經性劇毒。

一般看河魨則有兩大特徵：一是河魨遇到威脅時，身體會鼓脹如球，用以嚇阻；一是河魨是唯一會閉眼的魚類。

中國古代文獻提及的「鯸鮐」、「嗔魚」、「鰗魚」、「䲅魚」、「鮭魚」等，從描述上可知指的都是河魨。

根據東漢王充《論衡》的言毒篇：「天下萬物……皆有毒螫，毒螫渥者，在蟲則為蝮蛇、蜂、蠆……在魚則為鮭……故人食鮭肝而死。」唐陳藏器《本草拾遺》注釋：「䲅魚肝及子有大毒。以物觸之，即嗔，腹如氣球……目得合，與諸魚不同。」

另外，中國古代主要在江浙一帶，「鮭菜」（鮭音ㄒㄧㄝˊ）是魚類菜餚的總稱，例如「鮭膳」、「鮭米豐盛」。

在台灣清代方志中，「鮭」也見用來指河魨，《臺灣府志》（一六八五年）：「魨魚俗呼鮭魚，肉極細，其膏能殺人。」台灣民間則常稱河魨為「刺龜」，《澎湖廳志》（一八七八）：「平時游泳如常魚，遇物腹中鼓氣而圓，刺如蝟，形如龜，又名刺龜魚。中空，可為燈。」目前教育部《臺灣閩南語常用詞辭典》的用字是「刺鯢」（tshi-kui），指一種「刺河魨」。

但台灣古文獻的「鮭」（台語音 kê／kuê），較常用在「醃魚為鮭」、「醃鹿為脯」、「可醃作鮭」之事，種類則有魚鮭、蠔鮭、蚵鮭、鰛鮭、珠螺鮭、竹蟶鮭、鎖管鮭等。這種稱為「鮭」的醃魚方法，在中國東南沿海自古有之。

台灣古文獻的「鮭」字，在目前教育部《臺灣閩南語常用詞辭典》的用字是「膎」，主要是根據東漢《說文解字》：「膎，脯也。」清《說文解字注》：「膎，俗作鮭。」

日本因北海道漁場盛產鮭魚，日文不必翻譯英語 Salmon，本來就稱鮭魚「サケ」（さけ，sake），有一種說法是源自日本東北地方、北海道原住民族「アイヌ」（ainu，阿伊努族，又稱愛奴族）的語言。

日本在室町時代（一三三六至一五七三）就借用漢字「鮭」來指稱日本的「サケ」。當時，日本引進很多中國動物名及植物名，日本人知道「鮭」在中國指河魨，但認為鮭魚長得端正好看，故取「魚」＋「圭」之意，以「鮭」來指稱日本的鮭魚。

日文轉變漢字「鮭」的本意，並因日本魚文化的輸出，把日本製的「鮭」字回銷中文。中國學者杜亞泉（一八七三至一九三三）主編的《動物學大辭典》（一九一七年起陸續出版），就使用「鮭」來指稱 Salmon。因此，後來中文的「鮭」字，就改變本意，用來稱呼鮭魚了。

中國大陸也稱鮭魚為「大馬哈魚」，或稱「大麻哈魚」，這是黑龍江、烏蘇里江、圖們（門）江水系的鮭魚，在當地所使用的魚名。

廣東話則音譯英文 Salmon，稱之「三文魚」。台灣在日本時代，台語也稱鮭魚為「三文魚」（sam-bûn-hî/hû），或稱「紅鰱魚」（âng-liân-hî／-hû），如果是鹽漬鮭魚，則稱「鹹鰱魚」。

台灣本來沒有鮭魚，從日本時代以後才較常見北海道鮭魚。台灣清代漳、泉移民從原鄉引進大型淡水魚鰱魚，大概覺得鮭魚長得像鰱魚，而北海道鮭魚的肉偏紅色，所以就以「紅」＋「鰱魚」來指稱鮭魚。

# 第15章

# 醃漬風乾的海味

# 01 膎汁與魚露

在沒有冷藏設備的時代，先民們保存水產，一般都先用鹽醃，並使用兩大方法：一是曬乾，一是浸漬。以魚來說，曬乾希望保持形狀和鮮美，浸漬則可藉由發酵產生另一種風味。

台灣清代方志記載，先民會把某些魚「曬作乾」、「醃為鮝，味佳美」，某些魚則「作鮭佳」。「鮭」就是中國福建沿海居民以鹽浸漬魚的方法，漳州音 kê（注音ㄍㄟˇ）、泉州音 kuê、潮州音 kôi、福州音 kiè，客家音也是 kê（漢語拼音 gê）。

台灣傳統「魚蝦醃為鮭」的飲食文化，在戰後逐漸消退，但今天在鹿港、台南、澎湖還有少數商家販售以魚、蝦、蚵等海產做成的「鮭」，但因不懂用字，有的依其音寫成「給」、「胜」、「過」，有的取其義寫成「鹽」、「漬」、「醃」。

今天台語還保留早年因做「鮭」而產生的詞彙：「鮭鮭」（kê-kê）、「破鮭鮭」（phuà-kê-kê），比喻東西破碎的樣子。怎麼說呢？因為做「鮭」一直發酵下去，最後魚身就會破碎。不過，由於現在的「鮭」字已用來指鮭魚（Salmon），所以清代文獻中鹽漬魚所稱的「鮭」，目前教育部《臺灣閩南語常用詞辭典》以同音的「膎」取代。

做「鮭」所產生的汁液，稱之「鮭汁」（kê-tsiap），也可以用來調味。雖然台灣現在已幾乎不見此一用詞，但在日本時代的《臺日大辭典》（一九三一年）還收錄「鮭汁」：魚「豉鮭」流出來的汁（台語「豉」音 sīnn，即鹽漬）。

很多人不知道，幾乎已消失的「鮭汁（膎汁）」，卻以別的方式流傳下來。

根據美國史丹佛大學語言學教授任韶堂（Dan Jurafsky）的研究，在西元五世紀之前，中國南方沿海居民就會醃魚來保存食物：在瓶罐裡放入生魚、熟飯、鹽，蓋上竹葉，任其發酵。所做出來的醃魚食物稱之 Ke-Tchup，Ke 指醃魚的做法，Tchup 則是醬汁。

到了十七世紀，從歐洲航行東亞的英國、荷蘭水手和商人，把這種叫 Ke-Tchup 的「中國魚醬」帶回家鄉，後來成為 Ketchup（番茄醬）的語源。

在歐洲，Ketchup 最早指魚醬，後來才變成番茄醬。番茄原產於中南美洲，在十六、十七世紀引進歐洲，最早只是觀賞，直到十八世紀開始食用。到了十九世紀，歐洲有了製造番茄醬的食品工業技術，Ketchup 才變成番茄醬的專用名詞。

做「鮭」所產生的「鮭汁」，應該就是「魚露」的原型。魚露是以鹽醃魚，任其自然發酵所釀造出來的醬汁。但「魚露」一詞在中文和台語辭典都找不到，我推測可能是東南亞華人創造的用詞。

一般認為，早年廣東潮州移民把做「鮭」的方法帶到東南亞，在當地受到喜愛。根據英文維基百科，英國勢力在十八世紀進入馬來半島後，英國人餐桌上的醬汁（Table sauce）就有當地提供的「鮭汁」。

今天印尼語、馬來語以 Kecap 指醬汁（包括大豆醬油），就是源自當地的福建話「鮭汁」（kê-tsiap）。荷蘭人曾經殖民印尼，今天荷蘭語 Ketjap 就是源自印尼語 Kecap，指印尼醬汁。

在台灣，很少有廠商生產魚露，魚露本來也大都用在泰國菜、越南菜，但近年來喜歡此味的人也愈來愈多了。

《廈英大辭典》（一八七三年）收錄了當時廈門話的詞彙「鮭汁」（koê-chiap），英文解釋：brine of pickled fish or shell-fish，直譯就是醃魚貝類的濃鹽水。

《廈英大辭典》也收錄了「魚鹵」（hî-lō），英文解釋：brine from salted fish，直譯是醃魚的濃鹽水。以此來看，「魚鹵」是「鮭汁」的一種。

「魚鹵」一詞，就是現在所說的「魚露」。「鹵」、「露」（lō）發音相同，但「鹵」才是正字。

# 02 魚乾的各種形式

人類在古代就因食物需求而學會了水產保存，最早、最簡單的方法就是鹽漬、曬乾，然後發現它們竟然會因發酵而增添美味。

先來談魚乾。鹹魚也算魚乾，這都是一般說法，事實上也沒有以鹹度或乾燥度來區分魚乾和鹹魚。做魚乾可以加鹽或不加鹽，也可以用生魚曬乾或煮熟再曬乾。

如此，根據魚的大小、種類、易腐程度，想要做多鹹、曬多乾、保存多久，以及如何呈現最佳風味等因素，就出現了各式各樣的魚乾食品。早年沒有冷藏設備，所謂「海味」，主要指海產乾貨，而非今天所說的生猛海鮮。

在各種魚乾、鹹魚中，有一種以好魚、大魚做成的「鮝」（鮝同鯗），自古就以美味著稱。何謂鯗（ㄒㄧㄤˇ）？根據《漢典》，鯗是「剖開曬乾的魚」，例如鯗魚、白鯗（江浙特產黃魚鯗，頂級色白者稱之白鯗）。鯗也可指片狀的醃菜或醃肉，例如筍鯗、墨魚鯗、牛肉鯗，以及《紅樓夢》劉姥姥進大觀園品嚐的賈府小菜「茄鯗」。

清《康熙字典》提及「鯗」字由來的傳說。根據唐陸廣微《吳地記》的說法，約在兩千五百年前，吳王闔閭率軍入海驅逐夷人，遇風浪而糧絕，向大海祈禱後，看到金色魚群（有人認為就是黃魚）游來，吳軍取而食之。返國後，吳王想念海魚，屬下說剩下的魚都曬成魚乾了。吳王吃了魚乾，仍覺非常美味，就書寫「美」下之「魚」而成了「鯗」字。

台灣清代方志記載，很多魚可曬成魚乾，扁魚甚至「曬乾味美，鮮食稍遜」，而馬鮫、塗魠、龍尖等則「作鯗佳」、「醃為鯗，味佳美」。

《澎湖廳志》（一八七八年）：「塗魠，黑色無鱗，重者四、五十斤，初冬出，仲春止。味甚甘美，以草繩密紮鹹之，載販內地。」可見當時台灣的塗魠被做成鹹魚銷往福建。

此外，基隆歷來的福州移民，以及日本時代招徠來當礦工的溫州移民，也使用基隆近海產的海鰻做鯗，稱之「鰻鯗」。

把做鯗的方法拿來做鴨，除了剖開、曬乾，還以甘蔗煙燻，創造了宜蘭的鴨肉名產，但多年來不知「鯗」字由來，就寫成了「鴨賞」，因為台語「賞」與「鯗」（siúnn）同音。

但為了解釋「鴨賞」，就出現鴨賞珍貴常作為犒賞之用的說法。其實，雖然台灣清代方志未記載「鴨鯗」，但日本時代的《臺日大辭典》（一九三一年）已有「鴨鯗」詞條。

台灣產量很大的「花飛」（鯖魚），因為容易腐壞，早年有很多做成鹹魚，稱之「鹹花飛」，這是台灣以前貧窮人家常吃的魚，一小片就可以配一碗飯。有些小孩以為鹹魚是天生肉鹹的魚，直到長大才知原來有新鮮鯖魚。

還有產量也不少的四破魚（圓鰺），有些漁家會先把魚煮熟再曬乾，做成「四破脯」販賣，這也是庶民的便宜魚乾，吃時先泡水，可炒菜或煮湯。

還有長得像蛇又刺多的狗母魚（又稱狗母梭），被列為下等魚，但早年很多人家會買來炒成魚鬆，不但好吃，還可以保存。

柴魚也算魚乾，但這是台灣在日本時代才從日本引進的，以鰹魚燻乾、削片做成。台灣東海岸因黑潮經過帶來大量鰹魚，在日本時代就有柴魚工廠，直到今天。

# 03 魚漿家族

在台灣，一般都知道魚漿是把魚肉打成糊狀，可做很多加工食品的原料。《維基百科》已有「魚漿」詞條，但教育部的國語、台語、客語辭典卻都沒有收錄「魚漿」一詞。

魚漿的英文常直譯Fish paste，但也有專門用字Surimi，音譯自日文「すり身」（擂り身，すりみ）。「すり身」在日文的本意是磨碎的肉，雖然大都指魚肉，但也可以指其他肉類。不過，日文如果要精準表達魚漿，也會用「魚のすり身」、「魚肉練り製品」。

魚漿在中國大陸則使用「魚糜」一詞，「糜」有軟爛、濃稠之意。「魚醬」則不適合用來指稱魚漿，因為「醬」大都加了很多鹽。

魚漿可能起源於東亞、東南亞，但時間不可考。這種吃起來有咬感和彈性的食物，中國沿海居民做成「魚丸」，廣東話稱之「魚蛋」，日本人則做成「蒲鉾」（かまぼこ，kamaboko），中文稱之「魚板」。

日本在一九六〇年代研發魚漿冷凍技術後，魚漿製造業才開始大幅成長。目前，全世界的漁獲有百分之二至三用來製造魚漿及相關加工食品。Surimi在歐美被視為高蛋白、低熱量的食物。

台灣海島本來魚多，加上歷來移民族群，所以產生了多樣的魚漿食品。

台灣的魚丸種類繁多，有依各地盛產魚種做的旗魚丸、鯊魚丸、鰻魚丸、虱目魚丸、鬼頭刀魚丸等，還有用魚漿包肉臊餡料的福州魚丸、淡水魚丸，以及用魚漿包生肉、香菇、荸薺、青蔥等餡料的魚丸。香港的著名小吃「咖哩魚蛋」，近年來也出現在台灣街頭了。

台灣著名的小吃肉羹，很多都以魚漿包肉塊，其他像魷魚羹、花枝羹、蝦仁羹等，也都是用魚漿包裹的。此外，魚漿也被用來做廉價的雞捲，以及龍鳳腿等。其他還有客家封菜，包括苦瓜封、大黃瓜封、高麗菜封等，也都用魚漿定型。

日式的炸魚漿「てんぷら」（tenpura，天ぷら，天婦羅），在台灣則創造了新詞「甜不辣」。日文「天婦羅」，有一種說法是源自拉丁文 Tempora，本義是時間或時期，英文 Temporal（時間的）也源自此字。

在歐洲的大航海時代，葡萄牙人在十六世紀中最早抵達日本。葡萄牙人信奉天主教，在「大齋期」（四旬齋期）的四十天內，以齋戒、刻苦、施捨等方式來補償自己的罪惡。所謂齋戒，依規定不能吃肉，但可以吃魚。

我們可以想像一個場面：當葡萄牙傳教士在吃以麵粉裹魚油炸的食物時，日本人好奇地問他們在吃什麼?他們在解釋時，說了「大齋期」的拉丁文 Ad Tempora Quadragesimae。日本人聽了後，可能誤以為這種食物就叫 Tempora。

事實上，現今台灣的「甜不辣」，也與日本一般的「天婦羅」有所不同，前者是炸魚漿小吃，後者則是把海鮮、蔬菜等裹粉油炸的料理。

現今日本也有類似台灣「甜不辣」的小吃，在關東地區稱為「薩摩揚げ」（さつま揚げ，satsumaage）。「薩摩揚げ」本來是九州鹿兒島名產，但在關西地區稱之「天婦羅」，台灣在日本時代因地理上較接近關西，因而跟著叫「天婦羅」，戰後才寫成「甜不辣」。「薩摩揚げ」在北海道也稱「天婦羅」，在東海地區稱之「はんぺん」（hanpen）。

新北市淡水老街小吃「阿給」，源自油炸豆腐的日文「油揚げ」（あぶらあげ，abura-age）中あげ（age）的中文音譯。「阿給」以油炸豆腐皮包入炒過的粉絲餡料，再以魚漿封口後蒸煮而成。

這種做法類似基隆小吃「豆乾包」：選用三角形的炸豆腐，從中間切開，填入炒過的碎豬肉等餡料，再以魚漿封口後蒸熟，一般做成湯食。

基隆還有一種烤魚漿小吃叫「吉古拉」，源自日本常見的魚肉加工食品「竹輪」（ちくわ，chikuwa）。日本「竹輪」的傳統手工做法，是把魚肉泥、蛋白、澱粉等混合調味之後，裹在一根一根約筷子長的細竹管或細木棍上，加以抹勻，以火烤熟後，抽出竹管或木棍，就是中空、圓筒狀的成品，表皮會有火烤的焦黃和皺紋。

此外，魚漿也被用來仿製高級海產，例如蟹肉棒、鮑魚片等，有人還覺得假鮑魚比真鮑魚好吃呢。

吉古拉

# 俗名索引

**六至十畫**

## 十一畫以上

# 一午二紅沙，三鯧四馬鮫：台灣海產的身世

**（初版書名：花飛、花枝、花蠘仔：台灣海產名小考）**

作　　者　曹銘宗
繪　　者　林哲緯
選 書 人　張瑞芳
審　　定　邵廣昭
責任編輯　張瑞芳（初版）、王正緯（二版）
編輯協力　王喻
校　　對　魏秋綢、張瑞芳
版面構成　簡曼如、張靜怡
封面設計　開新檔案設計委託所
行銷統籌　張瑞芳
行銷專員　段人涵
出版協力　劉衿妤
總 編 輯　謝宜英
出 版 者　貓頭鷹出版

發 行 人　凃玉雲
發　　行　英屬蓋曼群島商家庭傳媒股份有限公司城邦分公司
　　　　　104 台北市中山區民生東路二段 141 號 11 樓
　　　　　畫撥帳號：19863813；戶名：書虫股份有限公司
城邦讀書花園：www.cite.com.tw　購書服務信箱：service@readingclub.com.tw
購書服務專線：02-2500-7718~9（週一至週五 09:30-12:30；13:30-18:00）
24 小時傳真專線：02-2500-1990；25001991
香港發行所　城邦（香港）出版集團／電話：852-2877-8606 ／傳真：852-2578-9337
馬新發行所　城邦（馬新）出版集團／電話：603-9056-3833 ／傳真：603-9057-6622
印 製 廠　中原造像股份有限公司
初　　版　2018 年 12 月／二版 2023 年 2 月　二刷 2023 年 3 月
定　　價　新台幣 550 元／港幣 183 元（紙本書）
　　　　　新台幣 385 元（電子書）
I S B N　978-986-262-605-4（紙本平裝）／ 978-986-262-606-1（電子書 EPUB）



讀者意見信箱　owl@cph.com.tw
投稿信箱　owl.book@gmail.com
貓頭鷹臉書　facebook.com/owlpublishing/



國家圖書館出版品預行編目資料

一午二紅沙，三鯧四馬鮫：台灣海產的身世／曹銘宗著 . -- 二版 . -- 臺北市：貓頭鷹出版：英屬蓋曼群島商家庭傳媒股份有限公司城邦分公司發行 , 2023.02
面；　公分 .
ISBN 978-986-262-605-4（平裝）

1. CST：飲食風俗　2. CST：臺灣

538.7833　　111020289